50个细节教出爱读书的孩子

学习力培养必读书

寿长华◎编著

修订版
REVISED EDITION

中国华侨出版社

图书在版编目(CIP)数据

50个细节教出爱读书的孩子 / 寿长华编著.—北京：
中国华侨出版社,2011.6(2015.7 重印)

ISBN 978-7-5113-1427-7-01

Ⅰ.①5… Ⅱ.①寿… Ⅲ.①读书方法–少儿读物
Ⅳ.①G792–49

中国版本图书馆 CIP 数据核字(2011)第 085851 号

50 个细节教出爱读书的孩子

编　　著 / 寿长华

责任编辑 / 尹　影

责任校对 / 王京燕

经　　销 / 新华书店

开　　本 / 787×1092 毫米　1/16 开　印张/17　字数/239 千字

印　　刷 / 北京建泰印刷有限公司

版　　次 / 2011 年 8 月第 1 版　2015 年 7 月第 2 次印刷

书　　号 / ISBN 978-7-5113-1427-7-01

定　　价 / 36.00 元

中国华侨出版社　北京市朝阳区静安里 26 号通成达大厦 3 层　邮编：100028

法律顾问：陈鹰律师事务所

编辑部：(010)64443056　　64443979

发行部：(010)64443051　　传真：(010)64439708

网址：www.oveaschin.com

E-mail：oveaschin@sina.com

前言

　　阅读的重要性毋庸置疑，但孩子不爱读书却是当下许多父母头疼的问题。如何激发起孩子的阅读兴趣？如何让孩子爱上阅读？本书教你解决的就是这个问题。

　　让孩子爱上读书的唯一前提是兴趣，兴趣是孩子读书最强有力的动力之一。只要让孩子对他从事的阅读活动产生兴趣，他就能积极地、热情地完成这项活动；相反，如果激发不起孩子对阅读的兴趣，则相当于孩子读书的前提就无法成立了。因而，如何培养孩子的读书兴趣是让孩子爱上阅读的重中之重。

　　本书从如何激发孩子读书的兴趣入手，从读书观念、方法、习惯、乐趣等方面详细阐述了激发孩子阅读兴趣的细节方法。

　　本书的内容力求做到既具有知识性又具有实用性：知识性是说书中介绍了大量的阅读理论，包含了丰富的知识，探讨了针对孩子阅读中一些带有规律性的东西，引有古今中外的名言和事例；实用性是指书中许多章节讲的阅读的步骤和方法以及为家长提供的一些指导孩子读书的办法，很多都来自于实际，易学易用。

如果把孩子读书这项活动看做一部参加汽车拉力赛的赛车，那么，兴趣就是发动机，观念就是方向盘，方法就是驾驶技术，习惯就是驾驶经验，信心就是跨越障碍的车轮，乐趣就是沿途一路的美景，收获就是一个又一个的分站目标。

目 录

第一章

让孩子以读书为乐,视读书为享受

书是阶梯,是人们通向幸福彼岸的必经之路。在书中,人们可以找到精神的寄托,找回内心的愉乐,因此,才有了李白的"读书破万卷,下笔如有神",有了"书是人类进步的阶梯"的说法,更因这样才有了在读书中得到快乐的感受!

第二章

告诉孩子为什么读书，读什么样的书，怎么去读书

读书之前，首先要树立正确的读书观念。读书观念有很强的指导作用，是孩子阅读的指路灯。它告诉孩子为什么读书，读什么样的书，怎么去读书。只有明确了这三点，孩子读书才有方向，才有对象，才有动力。正确的读书观念可以总结为：读书好，读好书，好读书。

第三章

引导孩子爱上读书，让读书成为孩子的自觉行为

曾经有人向鲁迅先生请教过写作经验，他这样说，哪有什么经验，无非是多看了几本书罢了。前苏联教育家克鲁普斯卡娅也曾经说过："儿童阅读在孩子生活中起着重大的作用。童年读的书可以让孩子记一辈子，影响孩子进一步的发展。"

喜欢就是动力，兴趣是最好的老师，家长只有重视对孩子兴趣的培养，让孩子产生阅读的内部动力，孩子才能开发心智，主动去了解、研究，在了解和研究的过程中，渐渐培养学习的持久性，提高自学能力。

第四章

讲究科学的方法和熟练的技巧,才能提高读书的效率

教育学认为,人类学习的过程,就是了解前人已经获得的经验和规律的特殊认识过程,而学习最基本的方法就是读书。读书可以快捷地积累知识,可以提高分析问题和解决问题的能力,读书是不断走向发展创新的正确有效途径。因此,掌握科学的读书方法,对孩子来说是非常有必要的。

第五章

好的读书习惯一经养成,书就会成为孩子最知心的朋友

> 读书可以让孩子知道大千世界的精彩,扩大他的知识面;读书可以丰富孩子的语言,保证以后写作文有话可说;读书能让孩子成为内心丰富、精神乐足之人……能让孩子养成读书的习惯将是孩子一生最大的财富,但这个习惯的养成是一个漫长的过程,需要家长付出一份爱心、一份耐心和一份恒心。

第六章

用读书之成果激发阅读兴趣，让孩子真正爱上阅读

读书，可以让孩子的大脑充满智慧；读书，可以使孩子的生活丰富多彩；读书，可以让孩子的心胸开阔宽广；读书，可以让孩子的灵魂高尚纯洁。既然读书是件好事，那就应该让孩子看到能从读书中收获知识、收获欢乐、收获成功。

第七章

帮助孩子冲破阅读阻碍，让孩子的阅读之路一路畅通

无论做什么事，都不可能一帆风顺，孩子读书也不例外，他们读书尚少，经验还很有限，碰到阅读上的障碍是很自然的事情。困难并不可怕，关键是怎样找到解决困难的办法。要想培养孩子的读书兴趣，家长必须帮助孩子冲破阅读所遇到的阻碍，树立起孩子的读书信心。

第一章
让孩子以读书为乐，视读书为享受

　　书是阶梯，是人们通向幸福彼岸的必经之路。在书中，人们可以找到精神的寄托，找回内心的愉乐，因此，才有了李白的"读书破万卷，下笔如有神"，有了"书是人类进步的阶梯"的说法，更因这样才有了在读书中得到快乐的感受！

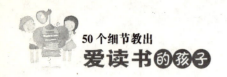

细节①

保持乐观、开朗的情绪，
对孩子读书是非常重要的

教育心得：

积极的情绪体验能够激发孩子的潜能，使其保持旺盛的体力和精力，维护心理健康，进而在读书中会感到一种快乐和享受；消极的情绪体验只能使孩子意志消沉，有害身心健康，对读书有百害而无一利。

乐观地面对人生，是我们常常挂在嘴边的一个话题。一般来说，对那些能够满足自己需要的事物或对象，会自然而然地产生一种满意、高兴、喜悦、爱慕的积极情绪体验；反之，就会产生痛苦、忧愁、厌恶、恐惧、憎恨的消极情绪体验。积极的情绪体验能够激发孩子的潜能，使其保持旺盛的体力和精力，维护心理健康，进而在读书中会感到一种快乐和享受；消极的情绪体验只能使孩子意志消沉，有害身心健康，对读书有百害而无一利。学会保持乐观、开朗的情绪，对孩子读书来说是非常重要的，也是十分必要的。

培养孩子乐观的习惯，就是在任何困难情况下都应站在孩子一边，给予积极的鼓励和支持，让孩子以更好的心态面对一切。

培养孩子乐观的性格，我们给父母们的建议是：

1.父母要做乐观的人

父母在培养、教育自己的孩子时,应该以身作则,或者用其他方法来教育、引导自己的孩子,使其能正确对待困难和挫折的心情,做到在任何情况下都能保持自信,奋发有为,夺取事业和人生最终的成功。孩子的情绪受父母行为的直接影响,与孩子相处时,父母必须乐观。

达尔文是世界著名的生物学家,是进化论学说的奠基人。他对子女的教育也给人们留下了深刻的印象。

达尔文出生于 1809 年,22 岁毕业于剑桥大学,后以生物学家的身份乘海军勘探船贝格尔号做环球旅行,历时 5 年。在此期间,他饱览了各地的大好山河,收集了大量有关动植物和地质方面的资料,为生物学的研究奠定了良好的基础。

1842 年达尔文到伦敦定居,开始了巨著《物种起源》的写作。时间对于这位科学家来说,是十分宝贵的。为了保证他的写作,他的妻子特意为孩子们制定了一条家规,那就是在爸爸工作的时间,谁也不能去打扰爸爸。可是,达尔文并未因此而忽视对孩子们的教育和关心。每逢星期天,他都要非常乐观地陪同孩子们一起玩耍、做游戏。他们有时漫步在乡村小路上,边说边笑,有时来到伦敦的动物园,去观赏那里的珍奇动物。每天晚上,他总是兴致勃勃地为孩子们讲故事。每当他讲起他乘贝格尔号环球航行时的所见所闻时,他总是那样的兴奋。这些海外奇谈,使孩子们听得十分入迷。达尔文时刻关心孩子们的身体健康,并且注意自己的举止对孩子们的影响。每当他与孩子们在一起的时候,他总是那么乐观,从不对孩子们发脾气。他说:"脾气暴躁是人类较为卑劣的天性之一,人要发脾气就等于在人类的阶梯上倒退了一步。"他的三女儿曾说:"父亲在他一生中,从没有对任何孩子说过一句生气的话,而我们也从没有不服从他的念头。"有一次,还未满 4 岁的儿子想找父亲玩,他似乎忘记了母亲所定的规矩,在父亲的工作时间,

敲响了书房的房门，怯生生地张开了小手，掌心上放了 6 个便士。他想用这种方法来让父亲同他一起出去玩球。正在工作的达尔文抬头一看，原来是自己的小儿子。小家伙对爸爸说："走吧！上街去，我给你买糖吃。"望着孩子天真可爱的神情，他立即放下了手中的工作，毅然陪同孩子到花园一起做游戏。在回来的路上，他边走边说："这一次我陪你玩，以后在我工作的时候，可不能再来约我了啊。"小家伙点了点头。

2.教育孩子学会乐观地面对人生

除了多与孩子交流，培养孩子的自信心以外，还有一个很重要的方面，即首先父母要相信自己的孩子，给予鼓励和支持，更重要的是要帮助孩子进取，克服一些他现在克服不了的困难，只有如此，才能教会孩子以正确的态度和措施保持乐观。

3.克服消极心理

在努力营造乐观氛围的同时，父母还应注意自己教导孩子时的心理，注意一些消极心理现象对孩子的副作用。毕竟，父母是孩子的第一任老师，特别是当孩子在幼年和少年时期，父母的言谈举止对于孩子的成长都有着非常大的影响。父母的积极心理现象，可以促使孩子乐观积极，奋发向上；反之，父母的消极心理现象，可能会给孩子以消极影响。

细节 ②

选择孩子喜欢的书，
使孩子在快乐的心境下阅读

读书，看起来好像是件苦差事，尤其对于小孩，正是爱玩的时期，要想让他们静下心来，每日与书本为伴，似乎颇为不易。如果孩子受到过不正确的读书教育，如逼迫、体罚等，那就更谈不上让孩子体会到读书的乐趣了。

阅读，对于孩子来说是一辈子的事情。而一些儿童文学对人来说也是受益终生的。人人都说读书好，读书确实是件好事，每个家长都希望自己的孩子快乐地读书。并不是孩子不喜欢读书，而是他们没有体会到读书的乐趣，是他们还没有发现他们所喜爱的书籍。

如今的孩子究竟最喜欢看哪些书？根据最近的一项儿童阅读调查结果显示，儿童最喜欢看的书籍名列前茅的是：外国经典儿童读物、中国经典儿童读物及科普读物。

孩子的阅读内容是有阶段性的，给小孩读那些深奥难懂或是完全脱离孩子年龄层次的书籍，当然不会提起孩子对读书的兴趣。针对孩子的阅读心理，为他们多提供一些诸如图画书、童话、寓言等孩子感兴趣的书，他们怎么会不喜欢看呢？

教育心得：

　　人人都说读书好，读书确实是件好事，每个家长都希望自己的孩子快乐地读书。并不是孩子不喜欢读书，而是他们没有体会到读书的乐趣，是他们还没有发现他们所喜爱的书籍。

童年时期是培养孩子阅读水平的关键时期，在这个最重要的阶段，一定要细心呵护他们那幼小的心灵，选准符合他们喜闻乐见，同时又能提升他们阅读水平的书，既能奠定好阅读的基础，又能让他们享受到阅读的喜悦。

根据这个阶段孩子的特性，我们选择了以下这些读物进行浅谈，让您有更进一步的认识，以便更好地使孩子在快乐的心境下阅读。

1.读漫画

漫画有时为了需要，经常将各种事物拟人化。比如画一只蚂蚁，可以让它讲话;画一棵树，可以画上它的手臂。而孩子的心态与漫画要求的心态很接近，他们常常把世间一切事物都看成有生命情感的，所以我们常常在孩子的画里看到白云有漂亮的眼睛，太阳是个慈祥的爷爷……这与漫画中的拟人化表现手法是相通的。

孩子的思维、价值观念、审美趣味等反映了人的许多本质的东西，所以孩子看这个世界不仅没有"成见"，还常常发现许多有趣味的事情和被成人忽略的问题。也许正因为如此，孩子对漫画才有特殊的热爱之情。

(1)漫画具有电影剪辑的特点

漫画，大体来说都轻松有趣，故事情节通过一幕幕的图画铺展开来，加上精要的文字叙述，阅读起来十分轻松，即使是识字不多的低年级孩子，也会看得津津有味。

好的漫画具有电影分镜的效果，从远镜头的全景渐渐深入，精彩处还来个特写，脸部的惊愕、身体的颤抖、内心的挣扎，都可以通过一幅幅的图画表现出来，令人读了大呼过瘾!好的漫画不仅仅图画精美，它往往有神来之笔，常令人拍案叫绝，发出会心一笑——漫画的迷人之处正在于此。

(2)家长如何选择好的漫画书

很多家长因为见孩子沉迷于漫画中，荒废了学业，而严厉禁止孩子看

漫画,实际上是不需要这么做的。漫画有它的正面功用,况且让孩子偶尔放松一下也是不错的,问题只是在于如何选择而已,选择漫画时必须注意:

内容有益身心健康。有很多漫画书的内容偏向暴力或色情,不宜阅读。以打斗、神怪为内容的漫画固然很刺激,但看多了,也会伤害孩子的身心健康;孩子若因此仿效学习,很可能会造成思想偏激,甚至误入歧途。

慎选翻译的漫画。有很多翻译过来的外国漫画有些很精彩,非常适合给孩子看;但也有些内容并不适合孩子,或是翻译过于粗糙,语句不通,词不达意,影响孩子的语言能力,在选择时一定要小心。

注意印刷、纸张。漫画多半是单色印刷,选用的大都是比较廉价的纸张,而这种纸张不容易吸收油墨,印刷出来的效果不好,会伤害孩子的眼睛。

注意字体大小。漫画虽说是以图画为主,文字其实也是很重要的。可是很多漫画书却忽略了这点,文字印得又小又模糊,体例不一,这对孩子的阅读也是不好的。

2.读寓言

寓言是智慧的花、哲理的诗、正义的剑。它总是集中了智慧、哲理和诗的美。寓言不仅能热情地赞扬和歌颂真、善、美,而且还深恶痛绝地讽刺和揭露伪、恶、丑。而且寓言一般都短小易懂,趣味性强,很符合孩子的阅读口味。

(1)寓言是穿有外衣的真理

18 世纪有位德国诗人,把寓言比喻成一位漫游四方的女神。这位女神在走访异国他乡时,曾遇到成群的强盗,强盗夺走她的钱包,里头却空空如也。强盗勃然大怒,于是剥掉她身上的衣服,强盗每剥掉一件,就惊讶一次,因为女神的身上一件衣衫套着一件衣衫,全是各种各样的兽皮,尽是些奇珍异宝。强盗欣喜若狂,他们继续抢夺着,最后剥光了女神的衣裳,刹那间,如

7

同神话奇迹般,站在他们面前的,不是赤裸的女神,竟是纯洁的真理。

这位诗人把寓言比喻成穿着外衣的真理的"女神",女神漫游四方,真理也会遭到不幸。面对真理,那些心怀不轨的强盗最终都望而却步,这就是诗人笔下所描绘的寓言。

(2)寓言是富有哲理的故事

寓言往往总是通过一个具体形象的小故事来表达一种抽象的哲理。这种哲理是人类从生活中总结出来的有益的经验和教训。这种哲理并不是直接叙述出来,而是采用了比喻、影射、象征等艺术方法表现出来的。寓言的特点是短小精悍、有的放矢、爱憎分明、尖锐泼辣、发人深思、耐人寻味,闪烁着人类智慧的火花而又充满诗意的美。寓言好像带刺的玫瑰,它的花给人美的享受,它的刺使人深省。寓言会教读者懂得很多闪光的哲理,记住很多有益的训诫,但它从来不板着脸干巴巴地说教。它很巧妙地为孩子讲述着一种含义深刻的故事,如流传于我国瑶族民间的《喜鹊老师》,讲述了画眉、老鸦、麻雀、斑鸠和小燕子向喜鹊学做巢,只有小燕子从头到尾虚心地学,所以现在小燕子做的巢,既能防风雪,又特别好看。这个故事说明了做事"必须专心专意,要不就做不好"的深刻道理。

(3)怎样选择寓言

古希腊的《伊索寓言》至今已有2000多年的历史了,但它仍深受人们喜爱。据一些学者统计,《伊索寓言》是世界上拥有读者最多的一本著作。同样,中国先秦诸子的寓言和印度古代的寓言故事《五卷书》,离现在都已2000多年,它们也一样仍受群众的喜爱。中国许多古代寓言,如自相矛盾、刻舟求剑、狐假虎威、画蛇添足等,都已成为人们语言中经常运用并有固定意义的成语,影响极为深远。这么多好的寓言集,您该怎样为孩子选择呢?

选择有启发意义的寓言。给孩子准备寓言故事的目的,是希望孩子能从中得到启发。所以要注意寓言的本身是否具有启发性,是否接近孩子现在的生活,让孩子能从中得到警示。比如以小兔古利特和小猫罗西为主人公创作的80多个系列寓言小故事,一个个写得生动有趣,每一个小故事都蕴含着积极有益、激励上进的寓意。孩子阅读了这些作品,就会不知不觉地受到具体深刻的启迪,比如:应该如何对待生活、对待学习、对待成绩、对待挫折、对待诱惑、对待自己、对待别人;如何从小养成正直、正义、友善、勤劳、勇敢、团结、互助等优良品质;怎样从小养成善待和爱护自然的习惯,树立保护环境的意识观念,等等。

选择能为孩子理解的寓言。心理学实验证明,要求孩子分析的环节越少,孩子的理解就会越正确。有些寓言套有几层意义,寓意比较深刻,孩子暂时还不能理解,会弄糊涂。如果硬要孩子看,就会导致孩子把寓言当做大道理敬而远之,所以父母在选择时一定要注意。

选择符合时代新意的寓言。有许多寓言的寓意已经不符合现代人的想法,对孩子没有多大的启发意义了。家长一定要注意题材是否具有时代新意并为孩子所接受。湖北少年儿童出版社曾经出版过中国当代寓言新作精品丛书,这套丛书里有6本寓言集:金江的《猴子造屋》、张秋生的《刺猬和老虎》、薛贤荣的《得意的大灰狼》、凡夫的《古利特和罗西》、钱欣谋的《神枪手打猎》和胡鹏南的《八哥学乌鸦》,这些作品被称为我国当下"寓言新作精品",具有浓郁的时代特色,不妨一读。

3.读童话

童话故事蕴含了说故事人对孩子无尽的爱和期待,是支持孩子成长的重要力量。童话给一代又一代的孩子送去了欢乐、友善、智慧、勇敢……它能活跃孩子的思维,拓宽他们的想象范围,让孩子能用更多的方式来思考问题,孩子们可以大量地接触。无数科学家、文学家、思想家在他们取得巨大成就的时候,总不忘记童年时优秀童话对他们一生所产生的持久影响。

可以这么说，如果我们的一生没有或多或少地受过一些优秀童话的熏陶，我们的文化教育就不能算是完全的。美丽的白雪公主、善良的海的女儿、调皮的长袜子皮皮、聪明的穿靴子的猫……对在现实社会中的成年人常显得虚幻而不切实际，但这些故事曾陪伴我们长大，每每在孤独无助、沮丧困惑时，就成为追求希望、支持生命的重要力量，是每个人心底最温柔的梦。

(1)关于童话的传说

从前，有一个公主，她很喜欢看童话，简直是看着童话长大的。有一天，一个宫女问这位公主："公主，您成天捧着那些童话书一直看、一直看，我想请问，童话到底是什么呀，可以让您如此入迷?还有，看童话有什么用呢?"

公主沉吟半天，不得其解。她有一个毛病，想知道的事就非知道不可。

问宫廷的智者，没有结果;问国王，没有结果;问遍宫廷所有的人，没有结果;悬赏全国征答，没有结果……

有一天晚上，公主独自到花园散步，嘴里还喃喃念着："童话是什么?到底是什么呀?它又有什么用?"

一只蝴蝶飞来停在公主的手上，公主仔细一看，那……那蝴蝶竟是个有着翅膀的小人儿。

更叫公主不能相信的是，那小人儿开口说话了："你好，我是童话精灵。"

"童话精灵?你……你是来解答我的疑问的?"

"我已经解答了呀!"

公主想了一想，叫道："我知道了，童话和现实生活不同，是会带给人许多意外惊喜的故事。"

"是的……更确切地说，童话看起来虽然充满幻想，但它是用幻想来反映真实。童话作家可不是不食人间烟火的哟!他们时时都在观察社会的变

10

化、趋势，再把所看到的东西化为奇妙的幻想……"

"喔！我懂了。那……童话的作用是……"

"当你阅读童话时，你有怎样的感觉呢？"

"童话除了让我变成一个爱书人之外，还让我变成一个好奇的人……"

他们相见恨晚，谈了很多很多……

最后，童话精灵要背公主到童话国去，当公主坐上蝴蝶的背后，童话精灵挥动翅膀，飞了起来，公主开心地叫道："我好快乐！好快乐！"

童话精灵轻轻地说道："是的，童话最大的作用，就是让孩子永远有快乐的心，小小的一只蝴蝶、一只蜜蜂都具有奇幻的色彩，都可以像人一样做朋友。因此，爱童话的孩子，就会拥有一个彩色而丰富的世界……"

（2）了解童话的意义

孩子爱听的故事可能随年龄不同而改变，但故事背后都有其意义，我们成人要先认识、了解并喜爱它，才能对孩子有所助益。比如，古典童话中"美丽英俊"代表着孩子对完美的期待，但如果成人只将眼光停留在"美丽温柔的公主"和"英俊勇敢的王子"，自然会担心影响孩子对性别角色的认同。事实上，除了从性别的角度解读外，故事背后还可能隐藏着解决问题所需要的智慧与勇气；像灰姑娘不只拥有美貌，更因她的善良慈悲，才能得到仙女的帮助，追求到自己的幸福。而《白雪公主》里的皇后需借由魔镜证明自己的美丽，许多人也因依赖别人的肯定而迷失自我。这些故事所要传达的，绝不仅是表面绚丽的文字或高潮迭起的剧情，最重要的是它蕴含了无尽的爱和期待。

（3）引领孩子检视自我

即使是同样的故事，孩子也很少听一遍就满足，他们总想一听再听，故事因此深深烙印在他们心中。古典童话唯美浪漫、善恶黑白分明，正是孩子所着迷之处。其实在这虚拟世界的背后，更传递了许多人生哲理，在孩子单

纯的心灵中,希望自己是善良的,认同自己是王子、公主。成人不必急着打破这份梦幻,等到孩子渐渐成长,故事在心中沉淀,他们将能察觉故事中的不同角色都有着自己的影子。当他们挣扎于人生的善恶抉择时,童话故事便有如领航员,引领他们随时检视自己。以《睡美人》为例,公主在出生时同时受到仙人的祝福与巫婆的诅咒,国王用尽心思,甚至盖座高塔来保护她,但她最终仍陷入沉睡,直到王子披荆斩棘而来解救了她,而世人不也如此?孩子生来完美无瑕,仿佛上天赐予的礼物,但纵使父母竭尽心力、呵护备至,孩子仍无法免于人生旅途中的种种考验,也许有一天就像睡美人般沉沉睡去,直到更大的力量唤醒深处的灵魂,才能将其拯救出来。又如《青蛙王子》中,王子借由公主的亲吻恢复正常,与现实生活对应,"亲吻"不就是爱吗?爱能让迷失的人苏醒,让心灵重生。

(4)童话是支持人生的动力

童话故事千篇一律的结局:"从此他们过着幸福快乐的日子……"也许了无新意,却是我们沮丧无助时最大的支持力量,因为只有相信未来有希望,终究会"幸福快乐",才能辛勤奋斗不懈,虽然每个人对"幸福快乐"的定义不同,但如果没有这个简单的信念,我们怎能引导孩子积极、乐观地面对人生?

如果童话故事没有美丽的公主和英俊的王子,还能如此优雅地令人着迷吗?成长的岁月中,如果少了公主和王子相伴,是否会有些许缺憾?希望下一次当公主遇见王子,我们可以欣赏那份圆满美好,不再忧心忡忡,在不断追求现实和理性的同时,保留一些感性和梦想给孩子吧!

(5)如何选择童话

内容方面。一些"很久很久以前……"的童话故事不太符合现在的时代意义了,不妨为孩子选择一些比较贴近现实的童话,而不至于让孩子产生一些不切实际的想法和做法。

色彩方面。童话书是以文字为主的一种故事书，它会让孩子置身在一个广阔的想象空间里，所以里面的插图与色彩要配合文字具有高度的想象空间，才能满足孩子继续遨游在这种想象里的需要。

编辑排版方面。现在市面上有许多少儿书都做得比较粗糙，这些书也卖得便宜，但不宜给孩子看，有许多图片插错的地方，会给孩子造成误导。给孩子看的书，要选择清爽悦目、图文呈现合适的，这样才能引起孩子的阅读兴趣。

4.读知识性读物

人们一提起少儿读物，就会联想到漫画、寓言、童话、童谣、图画书，却忽视了最重要的也是孩子平时最需要了解的知识性读物，它是选取孩子生活中经常接触到的动物、植物、交通、建筑等方面的事物，提供给孩子必要知识的一种读物。它丰富了孩子的生活常识，满足了孩子对知识的渴求。孩子的读书乐趣并不是表面的肤浅，另一种更深层次的快乐就在于获得知识后那种满足的快感。

在孩子的眼里，所有看到的世界都是神奇的，他们对一切都抱着极大的好奇心，总是打破砂锅问到底。比如，有没有月球？月球在哪里呢？世界上有多少个国家？海洋世界里有多少生物呢？鱼会流眼泪吗？圆的面积是怎么计算的？……

孩子最宝贵的品质之一就是好奇心，面对这么多的问题，家长千万不能烦，不能含糊地回答孩子了，不要破坏孩子了的求知欲。因为这正是孩子对外面的世界感到好奇而要极力探索的时刻，是孩子为日后的学习打基础的时刻。孩子开始了解这个未知世界，正是从积极追问这些未知事物开始的。这就要求父母尽快提供给孩子一些知识性读物。

（1）拓宽孩子的知识面

如果给孩子准备一些知识性读物，并且适当地引导他们阅读，将可以拓

展孩子的知识面,引导他们了解事物背后的原理,可以满足他们的好奇心,增强他们的阅读能力。

比如说,为孩子准备一些动物方面的书籍,让他阅读了解动物的种类、动物的习性……如果有机会带孩子到动物园,您会惊讶于孩子不但非常兴奋,而且能讲出许多相关知识来。

同样,为孩子准备一些历史书籍,让孩子走进历史。今天他和诸葛亮促膝长谈,三分天下;明天他和苏轼共诵大江东去……再不,就和哥伦布一起走进新大陆。历史类的书籍,不但可以让孩子弄清楚各朝代、各民族、各地区的历史演变,还可以帮助孩子学到许多古人的生活智慧,更重要的是,历史人物的遭遇,他们奋斗的过程,更可以作为孩子学习的榜样,陪伴孩子走上成长之路。

知识性的读物,不仅包括动物的、历史的,而且还包括植物的、地理的、天文的等很多类别,可以满足孩子对各种事物的好奇心。

(2)提高孩子的阅读能力

孩子以前读过的少儿读物,在叙述上多半是有情节的,在阅读时很容易随着情节走入书中;知识性读物多半只是事实的陈述,理性而客观,在阅读上可能显得无趣。不过,对孩子来说,这样的阅读正好可以训练他们的分析能力、思考能力以及判断能力,对孩子正在发展的理性思维是有很大帮助的。这样的阅读,还可以帮助孩子加深对故事、童话等的理解。

(3)怎样选择知识性读物

注意内容的科学性。知识性读物,不仅能介绍给孩子们知识,还能培养他们的科学态度,所以内容的科学性就非常重要。它不像童话故事是为了满足孩子的想象空间,这些读物中的知识是孩子日后学习的基础,倘若内容有误,对孩子一生的影响将会非常严重,有的甚至会误导他们一辈子。

可读性。知识性读物首先是一种读物,这就要求它具有可读性。知识性

读物的内容若能与孩子的生活经验相结合，适当地注意一下文学性，必定更能吸引孩子。比如说，科学类的书籍若能利用故事的描述，把科学知识、自然界的现象、宇宙的奥秘、生物界的生态、科技发明等题材作深入浅出的介绍，再配合孩子的生活经验，必能激起孩子的兴趣。

适合孩子的需要。许多父母喜欢把书当做装饰品，在为孩子购买知识性读物时，往往不惜百元甚至上千元买一些装订豪华的、成套的书籍，如几十册的百科全书。这类书不是把孩子吓住了，就是孩子不喜欢看，结果被束之高阁。所以在购买书的时候，不要只从父母的角度出发，最好以孩子的兴趣、爱好和理解水平为基础。

不要偏食。知识性读物，顾名思义就是要灌输给孩子知识，所以在选择时必须注意"不要偏食"。孩子感兴趣的固然可以买给他，但父母也必须注意到孩子的均衡发展，同时还要给孩子一个观念，多方涉猎，才会让知识丰富广博。

细节 3

为孩子构建一个良好的家庭环境，让孩子在快乐中读书成长

俗话说："三岁看老。"从非智力因素考虑，从两三岁的孩子身上已经可以看出他一生的性格特征和感情倾向，无论是

教育心得：

家庭里充满着爱心、关怀、支持，成员之间民主、平等、尊重、理解，求知兴趣浓厚，经常一起开展各种活动，生活方式积极乐观，精神充实，内心平静。在家庭中营造这样一种氛围，对孩子的读书大有裨益。

童年美好的记忆还是残酷的打击，都会伴随着他的一生。而孩子的童年，绝大多数都待在家里，家庭的一切都潜移默化地影响着孩子，改变和塑造着孩子的心灵。从某种意义上说，家庭环境决定了孩子的一生。所以在古代，孟母为了给孟子寻找一个有利于读书成才的环境，曾3次搬家。环境对人的影响之大，无论怎样强调也是不过分的。中国有句古话：近朱者赤，近墨者黑。成人尚且如此，更何况心智发育并不成熟、可塑性强的孩子？所以，为孩子构建一个良好的家庭环境，让孩子在快乐中读书成长是家长义不容辞的责任。

家庭环境最重要的因素当然是父母的榜样以及家庭其他成员的影响了，这一点已为世人所公认。其实，更重要的因素恐怕还是家庭的教育氛围（父母和其他家庭成员的影响有时也可以看作是一种家庭教育环境）。父母没有文化不要紧，在有的方面不能给孩子以榜样也不要紧，如果家庭的氛围是和睦温馨的，孩子就能得到健康全面的发展。相反，父母虽然都具有很高的文化知识，但如果家庭氛围冷漠呆板，孩子对世界的态度也将是如此，为什么现在很多的孩子都很自私、不关心别人？原因就在于现在的许多家庭，即使和对面的邻居也很少接触，你叫他怎么去关心别人？所以，努力营造一个良好的家庭教育氛围，可以使孩子受益终生。

怎样的家庭才算具有良好的教育氛围呢？教育学家们曾深入研究了一些才华出众、没有负面心理的成功人士，他们的成功有一个共同点，就是都有一个好的家庭教育氛围。这种好的家庭教育氛围一般有以下特征：家庭里充满着爱心、关怀、支持，成员之间民主、平等、尊重、理解，求知兴趣浓厚，经常一

起开展各种活动,生活方式积极乐观,精神充实,内心平静。专家认为,在家庭中营造这样一种氛围,对孩子的读书大有裨益。

细节④

利用电视、网络、课外读物等辅助孩子读书,为孩子读书添姿添彩

现在社会在飞速发展,各种各样的娱乐方式层出不穷,孩子们接触到的各种信息也是不计其数。很多家长都担心,面对如此纷繁的世界,孩子们会不会因为更多的诱惑而抑制了读书的乐趣呢?其实,事物都是有两面性的,关键在于怎样去利用它。比如电视、网络、课外的各种读物等等,都可以用来辅助孩子读书,而且可以为读书添姿添彩。

1.利用多媒体

电视、电影是传递信息、传授知识的重要手段和途径。尽管电影、电视在很大程度上是一种娱乐,但如果方法得当,它对于丰富孩子的知识、开阔孩子的眼界、发展智力、陶冶情操等方面都有着很重要的作用。可以说它也是孩子的另一个课堂,是孩子的好伙伴。孩子的情感往往受生动、具体的形象影响,在这方面电影和电视一般都为孩子们情感的发展创造了

教育心得:

在孩子读书渠道越来越多的现实情况下,让孩子体会到读书乐趣的途径不再是让孩子"两耳不闻窗外事,一心只读圣贤书"了。开放性阅读,才能真正让孩子体会到书中的乐趣。

有利的条件,电视还有利于孩子思维的发展。通过观察和比较,我们可以发现经常看电影、电视的孩子,思维一般都比较敏捷,语言表达也较生动、丰富,对事物的反应也较迅速。

我们不妨抓住这些机会,让孩子欣赏一些文学名著和一些小说改编成的电影、电视,在看完了电视后,孩子对原著也会产生兴趣,这时候父母可以引导孩子阅读原著。同样的题材,以不同的方式讲述,给人的感觉也是不同的。电视、电影给孩子带来的是直接的声光刺激,孩子自然容易接受;而原著给孩子带来的是心灵的思考和想象的空间,孩子在阅读时会思考文字里的含义以及作者所要传达的思想。这样既能增进孩子对人性、感情、思想的了解,又使读书本身增加了许多轻松的成分;不仅增加了孩子的阅读时间,还能提升孩子的阅读能力。

广播里的广播剧、广播小说也是值得尝试的途径,父母可以鼓励孩子去听一些广播。由于广播剧里的配音演员都具有戏剧素养,文学作品里的精彩处和字里行间的情感,他们会表达得淋漓尽致,听来十分过瘾。在孩子听完后再去引导他读原书,孩子就很容易理解了。另外,市面上还会有一些小说、散文等文学作品的有声读物,可以买来给孩子听。有声读物不用劳累眼睛,可以随时随地地听,而且利用了听觉记忆,再结合读原著,这样在视觉和听觉上的双重记忆可以使孩子对书的内容印象更深刻。

2.利用网络

计算机网络是一个巨大的信息海洋,孩子们生在这个信息时代,充分利用网络的好处,对他们的阅读有很大推动作用,反过来,阅读水平提高,能帮助孩子们在信息时代快速地浏览信息、处理信息。

孩子对网络普遍有很大兴趣,家长可以正确指导孩子,科学地利用网络来查找并获得所需的阅读资料。如利用搜索引擎搜索孩子感兴趣的书,假如孩子对体育运动中的乒乓球有兴趣,就可以搜索含有"乒乓球"的关键字,眨眼之间网页上就会有很多的相关信息显示出来。孩子一定会如饥似渴地享用这道乒乓大餐的。

利用网络和计算机,还可以帮助孩子建立一个自己的"资料库",比如把自己平时在网络上查找到的资料下载到自己的计算机中,按照类似"文学"、"自然科学"、"学习资料"等分类,以后用到时可以信手拈来,可以设想孩子在使用他自己搜集来的资料时心情是多么的快乐!

此外,网上还有许多文学类的网站和专门针对孩子阅读的网站,不妨让孩子注册一个会员,和网上的小伙伴们交流读书心得,互相观看对方的作品。以这种轻松的方式增进阅读水平的提高,孩子一定会觉得其乐无穷的。

3.利用流行读物

孩子们所在的学校里,经常会出现某一类型的流行读物,如曾经的三毛热,还有武侠热、科幻热、漫画热、网络文学热等等。流行文学值得孩子去读吗?答案是可以读,但要适度,还要正确引导。不能一棒打死,毁坏了孩子的读书乐趣,也不能一味纵容,玩物丧志。

一本流行读物之所以流行,总有它的道理。读这类作品,常常可以给孩子们带来一些共鸣和愉悦。还有一些少年作家的崛起,都使孩子们备感兴奋。对这种阅读的热衷总是一件好事,不能一概否定。孩子都很关心自我在社会中处于什么地位、扮演什么角色,他们想尝试成为各种不同的身份,又想追求成就感,因为缺乏知识和能力,使他们陷入各种各样的苦恼之中,有一种空虚感,而这些流行的东西总给他们一种满足感。

父母要做的是帮助孩子分析这些书,培养孩子的批判鉴赏能力。孩子在阅读读物时,应该主动进取,评价、怀疑、批判,而不是被动或消极地"照单全收"。别人的东西只能是一种"原型启发",而不是定论、休止符号。以自我为主的批判性阅读才有助于孩子发现、突破或创造、提高阅读价值和效果。

比如,当一些受孩子们喜欢的小说一度风靡校园时,那些厚厚的小说简直让孩子们痴迷到废寝忘食的地步,有的孩子上课也偷偷地看,几乎所有的心思都投入到那些精彩浪漫的情节中去了。女孩子恨不得自己就是故事里的女主角,男孩子恨不得自己是小说里的侠士,真可谓"一天到晚都扑在小说里",家长担心不已。其实这些书也并非都是禁书,武侠里有正义、勇敢、善良,言情里有伟大与传奇……

面对孩子对流行读物的痴迷,您可以试着了解一下他们的心理,探求一下他们感兴趣的原因,而不要一味地禁止他们看。在了解孩子的阅读需要以后,您不妨引导孩子看一些名家的经典著作,比如您可以拿《红楼梦》和一些言情小说作一下比较,用《水浒传》和武侠小说作一番类比等等,让孩子自己体会二者的不同。这样,在不打压孩子兴趣爱好的同时,也让孩子认识了真正的经典作品的魅力。

所以,在孩子读书渠道越来越多的现实情况下,让孩子体会到读书乐趣的途径不再是让孩子"两耳不闻窗外事,一心只读圣贤书"了。开放性阅读,用疏导不用堵塞,最主要的是让孩子真正体会到书中的乐趣。

细节 5

让孩子觉得读书就像与
一个好朋友聊天

一本书就像一艘船,可以带领人们从狭隘的地方驶向无限广阔的生活海洋。现代社会和未来社会都是读书的社会,是书籍大放光彩、充分发挥作用的社会。在这样的社会里,应该让孩子们与书成为好朋友,让孩子觉得读书就像与一个好朋友在聊天,他怎么能感到不快乐呢?

书籍是人类思想的结晶,是启发人类思想的母胎。它产生了人生存在的意义,它供给了知识饥渴的乳料。世界上的大思想家和大发明家,无不视书籍为人生中的诤友。

汤姆逊是一个一生与书为友的人。虽然出生在名扬四海的曼彻斯特足球联队的所在地——英国曼彻斯特市的近郊,但汤姆逊不是一个足球迷,而是一个读书迷。他的父亲经营着一家书店,这使汤姆逊从小就和书结下了不解之缘。小汤姆逊非常聪明,喜欢看书,并常常向父亲提一些问题。有一次,他看到一些小朋友们在玩吹肥皂泡,就问父亲,为什么肥皂泡上有漂亮的色彩呢?这个问题,他的父亲也不知道怎么回答。

汤姆逊特别喜欢自然科学,由于看书多,所以知识面很

教育心得:

史曼尔说得好:"一个人常常靠他所读的书而出名,正像他靠着所交的朋友而出名一样;因为书本和人们一样,也有友谊。一个人应该生活在很好的友伴中间,无论是书或是人。"

广。念中学的时候,除了老师讲授的知识外,其他凡是能看到的书,他都喜欢看,并经常做读书笔记。他在学习上的一个最大特点就是善于提出一些问题,对书本上的东西从不迷信。当时,学校的一些老师都害怕汤姆逊提问题,因为有些问题他们也回答不上来。但他们都非常喜欢这个爱提问题的学生,他不仅学习出色,而且很尊敬老师。

年仅14岁的汤姆逊进入了欧文斯学院(即后来的曼彻斯特大学)学习,主攻数学和物理学。在大学学习期间,汤姆逊一直很出色。他不仅聪明,而且非常勤奋,节假日也很少休息,常常到图书馆去看书。1876年,为了更好地深造,他考入了英国著名的剑桥大学的三一学院攻读数学。毕业后,他被留校任教并积极从事科学研究。

1884年,当瑞利爵士从剑桥的卡文迪许实验室退休后,年仅27岁的汤姆逊因工作出色而接任了该实验室主任教授的职位。他领导这个实验室工作长达34年之久。他知识渊博、待人诚恳,有很好的理论基础,在实验室中威望很高。他以丰富的实践经验和很强的思维想象力来教育学生,指导学生严格地从事科学研究活动。在汤姆逊的卓越领导下,卡文迪许实验室成为全世界现代物理研究的一个中心,并培养了许多杰出的人才,其中仅诺贝尔物理学奖获得者就有威尔逊、阿斯顿、布拉格、卢瑟福和查德威克等25人。

可以说,汤姆逊所取得的巨大成就与他自幼养成的读书习惯是分不开的。博览群书使他视野开阔、头脑灵活。书籍不仅是他的朋友,而且是他的终身伴侣。相反,那些不读书、知识面狭窄的人往往会变成头脑迟钝、思路狭窄、耳目闭塞的人。

书籍是人类的老师和朋友;书籍是寒夜里的篝火;书籍是沙漠中的清泉;书中有着五彩缤纷的世界,是理想者的精神乐园。因为书籍,文明的火种得以传递,因为书籍,思想的长河得以奔流。爱读书,养成读书习惯,这是

进行知识储备的重要原则，也是一个人一生成功的重要起点。学习者可以从自己感兴趣的书读起，多读书，读好书，从中体会获取知识的乐趣。逐步掌握略读、精读等读书方法，获取成功的条件和基础。

因书本与人类关联之亲密，所以古来学者多把书本当做人类的朋友看待。史曼尔说得好："一个人常常靠他所读的书而出名，正像他靠着所交的朋友而出名一样；因为书本和人们一样，也有友谊。一个人应该生活在很好的友伴中间，无论是书或是人。"

还有一个人，他把人生当做书本来看，那就是诗人高法莱，他说："一个人好像一本书，人诞生，即为书的封面；其洗礼即为题赠，其啼哭即为序言；其童年即为卷首之论见；其生活即为内容；其罪恶即为印误；其忏悔即为书背之勘误表；有大本的书，有小册的书，有用牛皮纸印的，有用薄纸印的，其内容有值得一读的，有不值得一读的。可是最后的一页上，总有一个'全书完'的字样。"

书在爱书人眼中已经不仅仅是物质的了，书被赋予了一种人格化的魅力。与活生生的人交流自然比与呆板板的物打交道更富有乐趣。

第二章
告诉孩子为什么读书，
读什么样的书,怎么去读书

　　读书之前,首先要树立正确的读书观念。读书观念有很强的指导作用,是孩子阅读的指路灯。它告诉孩子为什么读书,读什么样的书,怎么去读书。只有明确了这三点,孩子读书才有方向,才有对象,才有动力。正确的读书观念可以总结为:读书好,读好书,好读书。

细节 6

读书可以造就孩子
健康的人格

教育心得:
读史可以使人睿智;读美学可以使人高尚;读哲学使人深刻;读自然科学让生活更美好;欣赏艺术作品可以陶冶人的情操。

读书好,道理不言自明。读书,可以发展智力,可以陶冶品格,可以增长知识,可以开阔视野。在孩子思想人格迅速发展的时期,教孩子读书吧,让孩子在读书中看到知识,看到美,看到智慧,看到深刻。读书可以造就孩子健康的人格。

1.读史使人睿智

历史是人类生存的时间,我们的今天正在变为历史,我们的今天正是历史的延续。世界各国都重视自己历史的研究,忘记历史就意味着不尊重自己祖国。中国人讲"以史为鉴",为了不让孩子成为一个没有"根"的人,要让孩子读点历史典籍,如司马迁的《史记》。《史记》叙述的是从传说中的黄帝到汉武帝这段历史。如果要纵览人类的全部历史,当然也少不了看其他的历史经典,如美国斯塔夫里阿诺斯著的《全球通史》就是一部很好的书,它分《1500年以前的世界》和《1500年以后的世界》两册。这两册书里分别就各个不同的文明加以介绍,通过阅读,在简明的叙述中孩子就会对整个人类的历史有一个了解。

读史不但可以让孩子"胸怀祖国",还能使孩子具备"放眼天下"的胸襟。

回望历史的隧道,重新经历人类社会的进程,我们仿佛听到活跃在各个时期的智者在向我们道尽世事的沧桑:商鞅告诉我们变法的艰难,李世民畅谈"贞观之治","放眼看世界"的魏源大声疾呼"师夷长技以制夷"……读史使人聪明,前事不忘,后事之师,所以历史学家波里比阿曾经说过:"倘若对过去的重大事件逐一寻根究底,过去的一切会使我们特别注意到将来。"

我们只有一个地球,地球是我们的家园。说起我们的家,许多孩子还不甚了解。我们就应该让孩子知道,我们中国位于有"日出之地"之称的亚洲东部,太平洋西岸。

从地图上看中国,好似一只报晓的公鸡:凹入的渤海和内蒙古东部形成颈部,东北地区形成的头部正在左右顾盼,头羽在西伯利亚大风吹拂下纷纷扬扬,颈下伸出一簇羽毛,与下垂的头羽环抱着渤海;新疆北部犹如翘起的背脊和臀部;丰腴的胸部护着两颗宝石——台湾岛和海南岛,往南撒着一串珍珠——南海诸岛。

要让孩子了解我们的"大家庭",可以向孩子推荐一些有关地理的典籍。比如:《我们的中国》、《世界名胜》、《世界文化起源》等。

2.读美学使人高尚

一般来说,美学之美来自人的感觉,判断标准是人的感觉舒适还是不舒适。积累起来,就形成人关于美的观念。从环境中获得经验,经这些来自于感觉的认识积累起来,就形成了人关于美的概念。

大自然的繁花绿草、花团锦簇的情景、令人赏心悦目的山水、自由自在的动物、和谐美妙的鸟鸣虫叫都会给人带来美好的心情。这些能给人带来赏心悦目感觉的东西都是美。从父母慈祥的笑脸到蒙娜丽莎的微笑,以至自然界"波浪接天海"的长江、"远上白云间"的黄河、"千里莺啼绿映红"的江

南春色、"千树万树梨花开"的塞外风光……这一切无不给人带来赏心悦目的感觉。如果生活中没有了美,人们会发现生活中少了生气、少了动力。

孔子将外在形式之美称为文,将内在道德之善称为质,外在之美与内在之善应统一起来,故君子应重礼义,礼与文是对应的,义与质对应。孔子讲的是美与善的关系。朱熹的"美者,声容之盛;善者,美之实也",继承了孔子内在之善与外在之美的立论,并提出善是美的目的的新见解。而美与善的关系决定了美就是道德的。

美即和谐与完美。在一个绝对独立的系统中,内部的运动终将导致这样的结局:静止或无限循环,即达到内部的完全平衡,也就达到了美的状态。

美有助于形成强健的体魄,因为健美是健与美的有机结合。

审美能使人变得聪明,特别是孩子,更需要审美。没有审美的认识,不仅是不完整的、欠深刻的,而且是有害的;反之,审美"常常比知识和思维更直接地引导我们走向真理",诱发创造、出现奇迹。因为美是在生活中发现的,是在劳动中创造出来的。

阅读可以发展孩子的审美能力。

雕塑家罗丹说过:"美是到处都有的。对于我们的眼睛,不是缺少美,而是缺少发现。"

对于孩子来说,发展审美能力,最好从阅读开始,多读文质兼美的优秀作品,能陶冶人的情操。所以要善于在阅读中选择好的作品,从诗、散文等开始。

人们在阅读文学作品时,总是想知道什么是真的,什么是假的;什么是善的,什么是恶的;什么是美的,什么是丑的。而一切文学作品,不管它们的作者有意还是无意,也总是要通过艺术形象的展示,来对这些问题作出自己的回答。当然会有正确的回答,也会有错误的回答,作品正确或比较正确地告诉了

人们什么是真、善、美,什么是假、恶、丑,也就在不同程度上对人们起了认识作用、教育作用和美感作用。

马克思说人"是按照美的规律来创造事物的"。作家在作品中也是按照美的规律来创造艺术形象的。优秀的文学作品中的艺术形象表现为艺术美,它能在孩子的精神上引起一种愉悦的情感,这就是文学的美感作用。

阅读中感受到的美常常能唤起人们对以往生活经验、审美经验的回忆,产生种种联想。或因眼前事物在时间、空间、形、色或性质上与回忆到的事物相似,产生接近联想和类比联想;或因眼前事物与以往事物存在因果关系,部分与整体的关系上相联、相似或相反,于是产生关系联想与相对联想。这时,人们就可以找到事物之间的联系,使美感逐步由感性阶段上升到理性阶段。

再则是自己感情的参与与投入。如果能将自己的感情寓于作品中美的事物之中,即通过所谓"移情",达到情景交融,主观与客观融合一致,产生喜悦、同情、爱慕之情,心灵受到震动,那么美感就可以达到高潮。

不妨引导孩子看一些著名的艺术作品来帮助孩子发展审美能力,例如《蒙娜丽莎》、《思想者》等。待审美能力有一定发展后,可以再阅读一些美学著作,如《艺术美与欣赏》、《审美心理描述》、《美的历程》、《西方美学史》等。

3.读哲学使人深刻

孩子到了一定的年龄就会开始思考诸如哲学类的问题了。譬如,真实存在着的究竟是什么?我们能够知道一些东西吗?事物真有对错之分吗?生活是否有意义?死亡是否是人生的终结?这表明,孩子开始关注哲学了,并且需要阅读哲学来寻求解决这些问题的途径了。

那么哲学是什么呢?

人们从生产活动和科学实践中得到了关于自然的知识,形成物理、化学、生物等各门自然科学;从社会生活中得到关于社会历史的知识,形成道

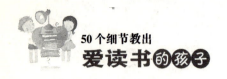

德、法律、历史、政治等各门社会科学;人们又研究自己的思维及其规律,形成逻辑学、心理学等思维科学。每门具体的自然科学、社会科学或思维科学,都只是研究物质世界的某一个具体的领域,至于涉及一切领域的总的问题,则任何一门具体科学都是不研究的。研究这些总问题的是哲学。

世间的学问归根到底就都成了哲学。哲学是什么?哲学家威廉·詹姆斯认为就是"一种力求清晰一致地进行思考的非常顽强的企图"。哲学思考意味着要探究事物的根底,把问题弄个水落石出,说明一切,解释一切,理解一切。

哲学的核心其实在于那些特定的问题,正是这些问题让具有反思能力的人类头脑自然而然地感到困惑。而学习哲学的最好的开端,就在于直接思考它们。

哲学不同于科学和数学。不像科学,是因为它不依赖于实验或观察,而是依赖于思想;不像数学,是因为它没有形式的证明方法。哲学就是通过提问、论证、尝试提出思想观点和思考,反对它们的可能论证,以及想知道我们的概念究竟是如何起作用的等方式工作的。

哲学的主要工作是质疑和理解那些非常普通的观念,这些观念我们天天在用,却没有认真思考。历史学家会问,在过去的某个时间发生了什么,而数学家却会问:"数是什么?"物理学家会问,原子是由什么构成的,什么东西可以说明重力,但哲学家却会问:"我们如何能够知道自身心灵之外的东西呢?"心理学家会探索孩子是怎样学会一种语言的,但哲学家却会问:"什么东西使一个词语具有某种意思呢?"每个人都会问:不买票而偷偷钻进电影院是不是错的,而哲学家却会问:"什么东西使行为对或错?"

当孩子阅读了一定的哲学书籍,形成一定的哲学思考之后,他将自然而然学会另外一种更深层次的看事物的方法,他将会自觉抵制肤浅。家长朋友们可以为孩子提供哲学书籍以加深他们对读哲学的重要性的认识。

《智慧之源——哲学知识趣谈》是一部通俗性、普及性的哲学读物,它以故事的形式讲述了哲学的基本原理,通俗易懂,生动活泼,融知识性、趣味性、科学性与应用性于一炉,对孩子不无裨益。另外,《苏菲的世界》也是一本学习哲学的优秀入门读物,书中以一个14岁的少女苏菲发现一封神秘的信开始,思索一系列的迷惑问题,苏菲的思索将会唤醒每个人对人生意义的关怀和好奇。

4.读自然科学让生活更美好

当我们乘电梯进入摩天大厦时,当我们置身在高级写字楼时,当我们品味"麦当劳"时,当我们用互联网连接全球尽览信息时,当我们用手机"喂喂"时……这一切都是科学带来的文明,如果离开科学,我们的生活大厦就会坍塌。

(1)生命赖以生存的自然界就是一门科学

我们生活的自然界被一种规律支配着。例如,动物和植物之间相互联系着,整个动物界依赖植物才能生存和繁衍。茂密的森林,辽阔的草原,野生动物十分丰富。6500万年前的地球气候突变,食物链遭到破坏,称霸世界的恐龙,因为缺乏食物而灭绝。植物界也依赖于动物。英国著名的生物学家达尔文曾举例说,三叶草的花粉和花蜜是土蜂的食物,三叶草的花粉又几乎完全依靠土蜂传送,因此,土蜂的多少就影响到三叶草的兴衰……生物界与非生物界是有机联系的整体。水是生命的基础。例如,小小的一株向日葵,一个夏天就要耗水250千克。生物能离开阳光吗?所有的绿色植物,都必须吸收太阳的光能,利用光能把水和二氧化碳结合在一起,转化为有机物……这个支配自然界的规律就是自然科学。

(2)要想生活得美好,需要了解自然科学

当我们享受着科学给我们带来的文明时,人们常常忽视科学带来的另一面:环境污染、城市垃圾、大气臭氧层被破坏、水资源短缺……

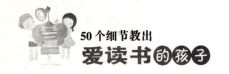

因此,要想生活美好,需要了解自然科学。因为科学的运用,通常会产生两面效应。将成为未来社会栋梁的孩子,不仅要学好数学、物理、化学、生物这些有关的自然学科,还要扩大阅读面,看一些自然科学方面的著作,了解科学的新进展,了解生物界和非生物界的规律及我们生存的环境,比如《物种起源》、《进化论和伦理学》、《现代科学技术基础知识》、《人类文明的功过》……

5.欣赏艺术作品可以陶冶情操

艺术包括文学、戏剧、电影、电视、音乐、舞蹈、美术、雕塑等,它们各自通过色彩、线条、造型、节奏等来表现生活和世界,因此可以帮助孩子体会它们所包含的情调和哲理。

当我们看到一幅精美的绘画作品,会被优美的画面所陶醉,当我们看到一座雄伟建筑时,会被那磅礴的气势所感染。我们看到齐白石画的虾,玲珑剔透,栩栩如生;韩美林画的熊猫圆头圆身,憨态可掬;徐悲鸿画的奔马,昂首嘶鸣,四蹄奋起,鬃毛飞扬,眼神和体态中表现出不屈不挠、一往无前的气概。雕塑作品亦如此,如《艰苦岁月》的雕塑,老红军深情地吹箫,小红军依偎在老红军身旁,手中还抱着一支枪,他们虽然衣衫褴褛,眼神中却充满了对革命胜利的向往。这些作品对陶冶孩子情操起着语言所不能替代的作用。

另外,欣赏艺术作品还可以学到很多知识,就拿雕塑来说吧,北魏时的形象飘逸自然,唐朝的和蔼慈祥,宋朝的古板严肃,而现代雕塑生动活泼,富有抽象性。不同时代,人们对美的追求不同,因而艺术特色也不同。我们从维纳斯雕像的遭遇就可以看出不同时代的不同审美标准。维纳斯典雅大方,丰满健美,那安详柔美的眼神,那自然含笑的嘴唇,表现出温柔、秀雅的青春美,是2000多年前希腊时代美感的充分体现。孩子们如果进一步了解,还会知道这个作品到了封建中世纪却遭到基督教徒和修道院的猛烈攻击，说它是"女妖"。这就是因为他们的审美理想与维纳斯所展现的审美理想相反。到了文艺复兴时期，维纳斯又重新获得人们的喜爱。

欣赏艺术作品可以振奋精神。天安门广场中央的人民英雄纪念碑是一座十分壮美的纪念性的建筑，高37.94米，四周围绕两层汉白玉栏杆，具有民族风格。正面镌刻着毛泽东题写的"人民英雄永垂不朽"8个金光闪闪的大字，背面有周恩来题写的碑文。碑座四周镶嵌着反映我国近百年来革命历史的巨大浮雕。从"虎门销烟"到"横渡长江"构成史诗般的连贯画面。它以巨大醒目的光辉形象展现出中国人民革命的不朽主题，既表彰了人民英雄的千古功勋，又表达了全国人民对革命先烈的无限敬仰和缅怀，不禁让人肃然起敬。

　　艺术的作用是很大的，它可以陶冶情操，净化心灵。蔡元培先生认为："美育可以陶冶情操，使人的心灵日趋高尚纯洁；无私忘我，使人的心灵日趋和谐、平等；发展个性，使人提高创造精神；美化人生，忘却忧患，去掉生活恶习，代替不良消遣，使人的性灵寄托于美的享受；丰富科学知识，充实人和使人增长勇敢活泼的进取精神。"家长要运用艺术作品对孩子进行美的教育，使孩子的心灵得到净化。

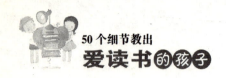

细节 7

开卷并非都有益，
读书一定要读好书

教育心得：

　　书，是时间的凝聚，是智慧的结晶，是一代代智者经验的沉淀。只要不断地从读书中汲取知识，一定可以将自己演化成一个对社会有用的人，一个自身得到完善发展的人。

　　读书要选择"好书"。一位哲人说过："读一本好书，就是和许多高尚的人谈话。"一本好书可以启迪人的智慧，可以改变一个人的观念，甚至影响人的一生。选择好书犹如沙里淘金，家长要尽到甄别、筛选的责任。然而，光有好书还不够，给孩子读书万卷，孩子也可能收获寥寥，这就要求家长还要教会孩子读书的理念，即要知道如何把书读好，读书不要被书完全同化，正是"尽信书不如无书"。

1.有选择地阅读书籍，犹如朋友，必须慎重选择

　　大哲学家叔本华说："读好书的前提条件在于不读坏书，因为光阴似箭，生命短促。"在全球网络化的今天，信息的获取变得如此轻松便捷。大量的信息垃圾也早已堆积如山。选择，必然会陪伴着孩子一生的阅读。

　　当我们走进一座座现代化的图书馆，走进一座座迷宫般的书城，见到那许许多多的书籍时，既有对知识浩瀚无涯的感叹，又有对知识重压身心的不安甚至是恐惧。这些书，对于孩子而言，是否都有价值？究竟值不值得花费时间与热情去阅读它们？

每一个人的时间、精力都有限，应该选择最急需、最必要、最有价值的书；重质量，不盲目追求数量，避免"贪多嚼不烂"吸收不了，白白浪费时间和精力。别林斯基说得好："我们必须学会这样一种本领，选择最有价值、最适合自己需要的读物。"别林斯基这一名言，今天读来，更感贴切。

（1）开卷并非都有益

"开卷有益，多多益善"，这是一条阅读战略。然而，另一条阅读战略，就是"不加选择不读书"。因为，世界上书山文海，书是读不尽的，就是读尽也无用，其中许多书都没有一读的价值。"多读一本没有价值的书，便丧失可读一本有价值书的时间和精力。"更何况书籍犹如朋友，必须慎重选择。"阅读一本不适合自己的书，比不阅读还要坏"；如果不加选择地用许多书来填充头脑，这就意味着将丧失固有的想象力，甚至会彻底地毁掉自己。所以"开卷"并非都"有益"。

著名哲学家冯友兰在谈到自己的读书经验时，第一条经验就是"精其选"。他说道："古今中外，积累起来的书真是多极了，可谓浩如烟海。但是，书虽多，有永久价值的还是少数，因此，把书分为三类：一精读，二泛读，三供翻阅。"

现在的书籍大致分为四类：一是值得精读的，二是可供参考的，三是没有参考价值的，四是误人子弟的。而"开卷有益"是针对前两类而言，并非一概而论。所谓一流的书籍，就是最有价值的书籍，是上乘之作，是名篇，是经过了漫长时间的考验所留下来的著作。读了一流的书，可以举一反三，触类旁通，扩大视野。古人说：取法乎上，仅得其中；取法乎中，不免为下。只有读一流的书，才有可能达到最高的精神境界，也才有可能抵达最佳的审美境界。如果舍一流的书而去读二三流的书，得到的也只是三四流的读书心得。所以读书要选好书，挑选有价值的一流的书来读，而不要被二三流的书所贻误。

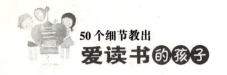

古今中外的名著,是智慧的精华,是人类共有的精神财富,是世界上最富有生命力的一种文明力量。名著中所包含的思想和精神养料,要比普通的书丰富得多。因此,选择名著阅读,是读书生活中重要的一环。

例如,莎士比亚的戏剧就是卓越的文学巨著,它传承了既有的文学技巧,开启了诸多手法的先河,描绘了形形色色的人物,又是语言史上的巨著。同时,它还是欧洲文艺复兴时期形象化的历史,广泛涉及当时英国的政治、经济、思想、文化、风俗等各方面。又如,歌德的名著《浮士德》,概括了欧洲300多年的精神历程。这些书,可以说是常读常新。

又如一部《红楼梦》,开启一门专门学问"红学"。200多年来无数人研究它,它的奥秘至今没有穷尽,恐怕对于中国每一个在文学殿堂中徜徉的人而言,《红楼梦》都是一部意义深远的书。它构成了我们对于历史、社会生活、民族情绪最初或最深的理解。

《红楼梦》第48回香菱向黛玉求教如何做诗的一段,香菱喜欢偷空做点诗,但常有疑问,且只爱陆放翁的"重帘不卷留香久,古砚微凹聚墨多"。黛玉这时说道:"断不可看这样的诗。你们因不知诗,所以见了浅近的就爱,一入了这个格局,再学不出来的。你只听我说,你若真心要学,我这里有《王摩诘全集》,你且把他的五言律读一百首,细心揣摩透熟了,然后再读一二百首老杜的七言律,次再李青莲的七言绝句读一二百首。肚子里先有这三个人做了底子,然后再把陶渊明、应场、谢、阮、庚、鲍等人的一看。你又是一个极聪敏伶俐的人,不用一年工夫,不愁不是诗翁了!"

当然,林黛玉的"学诗法"肯定不是全面的,只啃书本而不动笔,是不能写出好诗的。但她谈的读书方法却有一定的可取之处,也表明了一个重要的见解,就是要精读名著,要下功夫去读一些最基本、较为系统的专业书。这样,经过反复阅读、反复思考,就会终身受益。

（2）畅销的不一定是好书

畅销书之所以畅销，要么为一个庞大的群体所认可；要么是通过媒体宣传的结果。一部分畅销书是所谓的"经典著作"，而另一部分的畅销书只是"快餐式"文化。对于正在成长中的青少年而言，若随意滥读或是因受宣传的影响而进行媚俗性阅读，将会养成一种低下的阅读趣味和阅读习惯，一旦定型，日后很难纠正过来，更糟糕的是，日后即使再面对名篇时，已变得俗气的目光，也会将名篇看俗了。

当然，畅销的未必是坏书，好书也不一定滞销。像史蒂芬·霍金写的《时间简史》，讨论深奥的天体物理学，也曾在全世界大受欢迎。

一位名人曾说："严格划分何种书该读，何种书不该读，是荒谬绝伦的。"话虽如此，在畅销书之外，扩展孩子的阅读领域，对于孩子的心智成长，无论如何都是有益的。

（3）根据报刊或有关书上的评介来读书

比如想读点当代诗人的诗作，却不知道有哪些名诗人和著名作品，也不知道这些诗人和作品的特点和风格，就可以通过查阅已经出版的几种当代文学史上的评述来选择。有时并无专门的研究目的，只想选一两部反映当前社会问题的优秀小说来读，就可以翻看文艺报刊的评介，或从近年来获奖的小说中挑选。有的评介文章还有比较，指出某一部书在同类书中的地位和影响，读这类文章，孩子选书就更方便了。

作为一名读书人，既要学会阅读、善于阅读，也要学会选择、善于选择。选择能使人辨真伪、分优劣、辨美丑；能使人独立判断，不盲从，不迷信，即使是名家名篇，也仍有一个选择的问题。"选择出智慧"，不会选择就谈不上有所发明和创造。如果想成为创造型人才，那么，应该学会的头一件大事，就是能从知识、信息的急流中辨清方向，能从大量文献资料中选取最有价值的知识、信息。

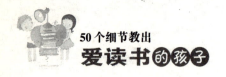

(4)根据孩子的需要为其选购书

鼓励孩子自己选择读物,和孩子讨论哪些是适合他们看的读物,哪些是他们自己特别感兴趣的读物,并以此为标准选择读物,给孩子一定的选择读物的权利。

如果家长看到孩子的书包里有一些不良的书籍,不要大惊小怪,也不要严厉地制止,这样只会让孩子为所欲为,家长的制止等于鼓励了他。家长越不让他看他越要看,说不定他会看得更认真,故意气气家长。要知道这时期的孩子反抗心理都很强烈,不服人管。只要他想看,他都会有办法背着家长看的。因此,家长应该放下父母的架子,以一个朋友的身份坐下来了解他所看的书,问问他为什么喜欢看这本书,跟孩子沟通一下书中的内容,了解孩子希望读哪些书,再从一个正面的角度去分析哪方面的书会给人带来不好的影响,或者使人产生消极的思想,哪些书会给人带来积极上进的思想。比如可以多跟孩子说说"名人志于学"的故事,孩子比较容易接受,而且孩子们对这些故事也比较感兴趣。如果孩子能从中悟出道理,家长就没有白花心思。多听听孩子的想法和意见,多了解孩子对哪方面的书籍比较感兴趣,家长在逛书店时就知道该为孩子选择哪些书了。

什么是孩子喜欢的书籍?父母可以根据孩子的下列表现来判断:

当孩子走近书柜(无论商店还是家里)时,他是否径直走向某个特定的书架?

他是否懂得到哪里去找科学书籍、小说或诗歌?

他有没有跟在一两个孩子后头,按别人的选择来选书?

孩子阅读时,看看孩子是否迅速进入了阅读,他实际阅读的时间有多长,是否经常谈论与书有关的内容等。

如果孩子自己能直接找到一本书,不看其他的书,阅读时迅速进入情境,阅读时间较长,经常与伙伴谈论书的内容,或做有关的游戏,则说明他

50 个细节教出

爱读书的孩子

对这类书感兴趣。

家长在了解了他们的兴趣后,就知道如何为其选购了。

2.要读名著

什么是名著呢?美国学者、《大英百科全书》董事会主席莫蒂然·阿德勒认为:所谓名著,必须具备6个标准:

(1)读者众多。名著,不是一两年的畅销书,而是经久不衰的畅销书。

(2)通俗易懂。名著,面向大众而不是面向专家教授。

(3)永远不会落后于时代。名著,决不会因政治风云的改变而失去其价值。

(4)隽永耐读。名著,一页上的内容多于书籍的整个思想内容。

(5)最有影响力。名著最有启发教益,含有独特见解,是言前人所未言,道古人所未道。

(6)探讨的是人生长期未解决的问题,在某个领域里有突破性意义的进展。

名著就是这样的书,哪怕只是一瞬间,它都会使你从中感受到生活的意义。名著是能够经受住时间考验的书,是世界上亿万读者多少年来为从中得到特别启迪而阅读的书。

名著是几百年来流传下来的精品,凝聚着许多文学大家毕生的心血。我们知道,曹雪芹为了写好《红楼梦》,"披阅十年,增删五次",耗尽了最后的生命;托尔斯泰写《战争与和平》,前后修改了7次,可以说是呕心沥血……

许多成功人士谈起以前的学习经验,都津津乐道这么一个话题:小时候很喜欢读名著,每个人还会列出一串名著的名单,中国四大古典名著不必说了,《战争与和平》《复活》《悲惨世界》《红与黑》《巴黎圣母院》《约翰·克利斯朵夫》《呐喊》《子夜》《家》《春》《秋》,一开就是长长的一串。

一位科研工作者深有感触地说:"我在年轻时读过《围城》,认为这是一

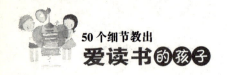

本真正给知识分子看的书,充满着过人的智慧、绝顶的幽默和深刻的揶揄。现在我把它推荐给我女儿看,试图扭转她对纯文学的'枯燥、晦涩'的片面认识,改造她被某些垃圾文学糟蹋了的品位。"

有位大学教师在课堂里这样对他的孩子说:"我小时候家里很穷,没有书看,我就到邻居家借书。邻居是位大学教授,教历史的,家里有很多很多书。我向他借的第一本书是《约翰·克里斯朵夫》。你们知道我最受感动的是什么吗?约翰·克里斯朵夫很小的时候,把一排小板凳排好,然后站在板凳前做指挥,他那时候就很喜欢音乐了。这个情景我一直都没有忘记,现在我重读这本小说,最感动的还是这个细节。"

可是,现在的孩子,对这些名著普遍不感兴趣,有的只闻其名未见其面,有的甚至连名字也没听说过。这就提出了一个问题:名著还值不值得阅读?又应当怎样去阅读呢?

经过几千年的大浪淘沙而留下来的那些具有权威性的著作都属"经典"。经典是永恒的,是人类智慧的结晶,是能够经得起人们的品读和研究的。经典中包含着艺术,反映了人性的真善美。让孩子多读一些经典名著,对他的阅读和成长帮助无疑巨大,对孩子的气质和修养的影响效果也不可小觑。

阅读名著,对孩子来说,好处是多方面的。所以,家长要帮助孩子树立起阅读名著的观念。

阅读名著,可以弥补孩子生活经历的不足。一个孩子经历的事,看见的场面,体验到的情感,相对于丰富的社会生活而言,是少得可怜的。有许多场合、许多事件,你可能永远也无法经历到,比如遭遇冰海沉船时的恐惧,遭受诬陷冤屈时的无奈,梦中童话世界的神奇,经历世事变幻的大喜大悲等。而通过阅读,就可以借鉴他人的经历扩大自己的视野,丰富自己的情感世界。许多作家足不出户,也能写出表现丰富社会的作品,很大一部分靠的

就是别人的间接经验，即把从别人那里获得的间接经验，再加上自己的体会，经过头脑的融合、加工，最后升华为自己的东西。

阅读名著，有利于提高人的精神素养。名著里的故事和人物，往往蕴含着人类某种精神，比如是与非、善与恶、爱与恨等基本观念。通过阅读，人物身上的好品质被我们认同，会潜移默化为我们自身的财富与修养；坏品质或缺陷也会引起我们的反思。比如读《三国演义》，就会被关羽的忠义所感动；读《悲惨世界》，就会被冉·阿让的宽容所折服；读《老人与海》，又会被弗朗索瓦老人的勇气所倾倒；读《哈姆雷特》、《阿Q正传》，会为哈姆雷特、阿Q身上的性格弱点而叹息。名著里的人物，就好像人生的一面面镜子，时时照见一个人的灵魂，帮助人们建立起完善的是非标准，提高人文修养和精神气质。

阅读还可以直接提高语言能力。人们学语言主要有两种途径：一是日常会话，二是阅读。由于日常会话使用的大多是方言，因此，相比较而言，通过阅读学习的语言更规范，更系统，也更加权威，这和我们在正式场合，比如作文中使用的语言是一致的，因此，对于语文学习来说，阅读的影响更大。而名著的语言正是书面语的典范。文学史上，有的人像高尔基一样连学都没有上过，最后却成了有名的作家，他们的语言能力主要是靠阅读名著获得的。鲁迅曾很有体会地说，好的作品，就全部注明了"怎样写"。

我们常听到孩子说："名著太难懂了，我啃不进去。"

那么让我们出些主意帮助您使孩子打开这个奇妙的世界。拿一本您推荐给孩子读的名著，然后告诉他按照下面的建议去读：

知道你正在读什么。这是一部小说、剧本，还是传记或历史？要想知道这一点，查一查目录，读一读封面和前言，或者在《读者百科全书》中查一查题目或作者。

不要躺在床上读书。读名著会是很难的，所以你必须思想活跃，器官敏

 锐。如果你躺在床上读书，你就想睡觉，那么当你开始打瞌睡的时候，你就会埋怨那本书。

不要被众多的人物所左右。陀思妥耶夫斯基在他的《卡尔马卓夫兄弟》一书中抛出了50多个主要人物，托尔斯泰在《战争与和平》的第一章中用了22个又长又复杂的名字，使你脑袋发胀。这时，不要急着往前翻，坚持看下去，渐渐地，这些人物就会变得清晰。你会觉得和他们在一起，就像和你的老朋友在一起一样。你记得你的许多朋友，在结识前也是陌生人。

给作者一个机会。不要过早地说"我看不懂"，要坚持读完。有时也许是你对你要读的那本书还没有做好充分准备。如果你认真看了但确实看不懂，你就把它放到一边，搁一段时间，先去读另一本书。

大段大段地读。别小口小口地啃，你读的句子越长，你就越能进入书的节奏和感情，从中得到的乐趣也就越大。

读该书作者读的书。例如，莎士比亚为了写《尤力斯·恺撒》、《仲夏夜之梦》，曾仔细阅读了诺斯的《蒲鲁塔克传记集》的翻译本。任何一个作家都是他所处的那个时代的产物。了解当时的历史、作家及其他人所面临的问题和他们的态度会帮助你理解作家的观点。作家的观点不一致。没关系，起码它使你思考。

阅读有关作者生平的书。你对作家的个人经历知道得越详细，你就越明白他为什么写他所写的作品。你就会开始明白隐藏在作家作品中的自传性的花絮。一个作家不可能暴露自己。我们关于莎士比亚的大部分猜测都是从他的剧作中找出的线索。

所有名著都得反复读。你读完一本书后，如果很感兴趣，又不完全懂，那么立即重读一遍。你会发现更多的东西。如果几年前你读过一部名著并且喜欢它，就再读一遍。你会发现书里还有那么多的东西要告诉你，你简直不相信这是同一本书。

另外,您可以通过讲故事让孩子结识经典。向孩子讲述田忌赛马的故事,使孩子了解《孙子兵法》是我国古代一部著名的兵书。向孩子讲述诸葛亮"草船借箭"、"火烧赤壁"、"空城计"等故事,向孩子推荐《三国演义》。然后进一步说明,《孙子兵法》、《三国演义》中的一些思想已被当今的许多企业家用来作为管理的指导思想,使他明白经典中包含着人类智慧的结晶,这样就很容易拉近孩子与经典的距离。与此同时,还可以就经典中的某些人物的刻画,分析人物所具有的人性本质的东西,使孩子感受到经典中的事情虽然不是现在的,但经典中的人物好像就在他们身边。这样就会使孩子们对经典感兴趣。

读名著的好处是很多的,要坚定地让孩子树立读名著的思想观念,并且注意引导孩子对名著的兴趣和教育他们读名著的方法,只要让他们坚持读下去,一定会有意想不到的收获。

3.不读死书,活学活用汲取新知

如果在读书时能慎读精思,融会贯通,去粗取精,举一反三,就是将书读活了。这样就能将书本中的死知识变成自己脑子里活的智慧。正如叶圣陶先生诗中所说:"活读运心智,不为书奴仆。泥沙悉淘汰,所取唯珠玉。"

读书是接受前人的知识;实践,可吸取鲜活的知识,并能将书本知识化为改造世界的能力。

可有时却相反,有的人却因此成了书的奴隶,这不能不令人痛惜。不顾实际、死啃书本的人,甘做书奴,他读书越多,就会变得越痴呆,使他深受书之害。因此,要善于驾驭书本,居高临下地读,而不要将自己埋进书本之中,被书淹没。

你应占有书本,而不能为书本所左右。有书就要去读,达到为我所用。有了书而不去阅读,就是莫大的悲哀。下面有两则事例能给人以启示:

法国有一个藏书狂,名曰安利·鲁拉尔。他买起书来,总是一马车一马

车地往家拉。好书越来越多,他常考虑购房存书,总共买了5栋房舍用来藏书。这么多书他自己根本看不完,但也绝不借阅给他人!他去世后,后人将其所藏之书廉价出卖,使得巴黎旧书市场价格一落千丈。

另一位悲剧制造者,是葡萄牙里斯本的一位银行家,名叫古拉皮纳。他总是将自己最贵重的书藏得很好,秘不示人,并全部运至里斯本市郊的一个小村子里,并盖了个书库珍藏。有人问他,为什么不放在里斯本家中呢?他答道:"朋友来访难免会借阅,大都一去无回,即使不借走,就这么翻阅,日久也会把书翻坏的。"古拉皮纳将书藏于郊外的"深闺",自己也从不去阅读。这样,郊外的书库自然成了"书坟",而主人则是名副其实的"守墓人"。

将书当"花瓶"的人,不仅外国有,中国也并不少见。

有一位小姐,出门必带一本精心挑选的书。不少朋友对她投以钦羡的眼光,赞她"藏书可观,好学不倦"。可她的答语却十分惊人:"才不呢!我带着书是给人看的。我每天拿着不同的书在手里,走在大街上,为的是调配衣服的色彩。"珍贵的书,只是用作装潢门面,委实太可惜了。

是的,书如果用作装饰,那就与书的本来用途背道而驰了。但如果只是死读书也同样是有害的,尽信书不如无书。

要努力创造条件"行万里路"。多走,多看,多调查研究,这就会扩大生存空间,了解丰富多彩的"外面的世界"。视野的扩大、实践知识的增加,两个领域的互补,必能激活思维,必有利于理论同实践的结合。"读万卷书"同"行万里路"有机结合起来,是成功的法则。

其实,对读书的理解程度,与读书人基础文化的高低,实践知识积累的多少,经历、见识的深浅极有关系。清代文学家张潮说得十分形象:"少年读书如隙中窥月,中年读书如庭中望月,老年读书如台上玩月,皆以阅历之浅深为所得之浅深耳。"因此,我们既要在书斋中攻读,也要在丰富多彩的实践中读活书,读自然之"书"、社会之"书"、生活之"书",并将这些书与已有的知识融会贯通。

大自然是一位伟大的导师。它能教化人、激发人、启迪人、鼓舞人。任何创造者都是大自然的热爱者。要尽情地投身自然的怀抱,乐于接受大自然的馈赠。大自然的沐浴最能焕发人的情感,调动人的精神。作家徐志摩曾深情赞颂大自然的恩泽:"自然是最伟大的一部书。""什么伟大的、深沉的、鼓舞的、清明的、优美的思想的根源不可以在风籁中,云彩里,山势与地形的起伏里,花草的颜色与气息里寻得?""只要你认识了这一部书,你在这世界上寂寞时便不寂寞,穷困时不穷困,苦恼时有安慰,挫折时有鼓励,软弱时有督责,迷失时有指针。"

读活书还表现在不放弃任何时机,及时将各种知识库存起来。多备几种套路,必有用处。

一个人要放开自己的手脚,伸长自己的触须,要对什么都有新鲜感,随时随地接受新的知识。在未知世界面前要做个有心人。要珍惜每一个学习机会,每一种能力的培养,哪怕是不起眼的雕虫小技,你若眼疾手快,学到了它,也许以后就能用得上。

处处留心皆学问。一个人有了对新事物的热情,时时做一个有心人,就会比一般人接受到更多的知识,开发出较一般人更强的能力。

书,是时间的凝聚,是智慧的结晶,是一代代智者经验的沉淀。只要不断地从读书中汲取知识,一定可以将自己演化成一个对社会有用的人,一个自身得到完善发展的人。

4.“鲸吞”和“牛嚼”,读书既要博又要专

读书有一种方式,谓之"博览群书",对这种读书方式有一个形象的别称叫做"鲸吞"。用鲸鱼吃小虾来比喻读书之广泛。须鲸——鲸类中的庞然大物,游动时俨然是一座飘浮的小岛,但它却是以海里的小鱼小虾为主食的。这些小玩意儿怎么能填满它的巨胃呢?原来,须鲸游起来一直张着大

口,小鱼小虾随着海水流入它的口中,它把嘴巴一合,海水就从齿缝中哗哗漏掉,而大量的小鱼小虾被筛留下来。如此一大口一大口地吃,大量的小鱼小虾就进入须鲸的胃袋了。

人们泛读也应该学习须鲸的吃法,一个想要学点知识的人,如果只有精读,没有泛读,如果每天不能"吞食"几万字的话,知识是很难丰富起来的。单靠精致的点心和维生素丸来养生,是肯定健壮不起来的。

鲁迅先生主张不要对自己的阅读范围作过窄的限制。他年轻时,在规定的功课之外,天文地理,花鸟虫鱼,无一不读。连《释草小记》、《释虫小记》、《南方草木状》、《广群芳谱》、《毛诗草木鸟兽虫疏》、《花镜》这样谈花草虫兽的古书,他也在闲时拿来翻看。鲁迅在《读书杂谈》一文中说过:"爱看书的青年,大可以看看本分以外的书……即使和本业毫不相干的,也要泛览。譬如学理科的,偏看文学书,学文科的,偏看看理科书,看看别人在那里研究的,究竟是怎么一回事。这样子,对于别人、别事,可以有更深的了解。"他在《致颜黎民》一文中说:"先前的文学青年,往往厌恶数学、理化、史地、生物学,以为这些无足轻重,后来做起文章来也糊涂。"鲁迅博大精深的知识和他的巨大成就,是与他的博览有着直接关系的。

钱锺书从启学之时,就博览群书。读中学时,就读了《天演论》等英文原版著作,还啃下了《古文辞类纂》、《骈体文钞》、《十八家诗钞》等,至于他喜爱的小说杂志更是爱不释手,披阅不倦。考入清华后,他的第一个志愿是"横扫清华图书馆"。他终日泡在图书馆内,博览中西新旧书籍。自己的书就用又黑又粗的铅笔画出佳句,又在书旁加上他的评语。他阅读面之广,连许多教授也叹为观止。

钱锺书的博览,不仅在清华闻名,而且蜚声海外。1935年夏钱锺书到英国牛津大学攻读。那里拥有世界著名的专家、学者,尤其是该校拥有世界第一流的图书馆——牛津博德利图书馆,它不仅有规模庞大的中心图书馆,

而且在其周围建有几十个专题图书馆。钱锺书在知识的海洋中畅游,尽情阅读文学、哲学、史学、心理学等各方面的书籍,他还阅读了大量的西方现代小说。由于钱锺书的知识面极宽,"牛津大学东方哲学、宗教、艺术丛书"曾聘他为特约编辑。

钱锺书的博学,归功于他的博览。他阅读书籍所写的札记,可以用汗牛充栋来形容,毫不夸张,他写学术巨著《管锥编》时,所用的资料足有几麻袋。

读书还有一种方式,谓之"精读",又称"牛嚼"。什么叫"牛嚼"呢?钱锺书说:"老牛白日吃草之后,到深夜十一二点,还动着嘴巴,把白天吞咽下去的东西再次'反刍',嚼烂嚼细。我们对需要精读的东西,也应该这样反复多次,嚼得极细再吞下。有的书,刚开始先大体吞下去,然后分段细细研读体味。这样,再难消化的东西也容易消化了。"这就是"牛嚼"式的精读。

朱熹在《读书之要》中说:"大抵读书,须先熟读,使其言皆若出于吾之口;继以精思,使其言皆若出于吾之心,然后可以省得尔。"这里的"熟读而精思",即是精读的含义。也就是说,要细读多思,反复琢磨,反复研究,边分析边评价,务求明白透彻,了解于心,以便吸取精华。对本专业的书籍及名篇佳作应该采取这种方法。只有精心研究,细细咀嚼,文章的"微言精义",才能"愈挖愈出,愈研愈精"。可以说,精读是最重要的一种读书方法。

法国著名作家大仲马在《基督山伯爵》一书中,塑造了一个博学多识的人物——法利亚长老,并通过长老之口谈了这样的读书方法:"在我罗马的书房里,我将近有5000本书,但把它们读了许多遍以后,我发觉,一个人只要有150本精选过的书,对人类的一切知识都可齐备了,至少是够用或应该所知道的都知道了。我把生命中3年时间用来致力于研究这150本书,直到我把它们完全记在心里才罢手。"在这里,他认为150本书就能囊括"人类的一切知识",显得有些偏颇,但是,大仲马注重"读读选过的好书",却是值得借鉴的。

然而,"鲸吞"与"牛嚼","博览"与"精选",不可偏废其一。既要"鲸吞",要大量地、广泛地阅读各种书籍,又要对其中少量经典著作反复钻研,细细咀嚼。如此这般,精读和泛读就能有机地结合起来了。学者钱锺书先生主张先博后约,由博返约。即先广泛涉猎,博览群书,然后再在此基础提炼吸收,形成自己的知识结构。这种科学的学习方法不仅使他成为一代学术泰斗,也为后学者指出了正确的读书之路。

读书,既要博,又要精。怎样才能做到这一点呢?我国著名美学家李泽厚的办法是,通过泛览达到博,在泛览的基础上挑几本精深的书来读,达到精。他上中学时,书看得相当杂,最爱读的是文学作品,对鲁迅、冰心等人的作品尤其感兴趣。但这并不妨碍他对自然科学的爱好,中学每次数理化考试,他的成绩常常是第一名。但是,仅仅这样广泛的涉猎,还不足以使人成才。于是,他又找来一些与自己研究方向有关的内容精深的书籍,认真地进行研读。他从马列主义著作中学到了研究问题的立场观点和方法,从黑格尔的著作中学到了深刻的思考方式,鲁迅著作更使他得到了莫大教益,对于他研究美学具有巨大的指导作用。李泽厚深有体会地说:"这类书不用多,挑几本精读,读了以后顶许多书。正如培根所说,有的书要细嚼,有的书要快读,有的书只要尝尝味就可以了。"李泽厚的读书方法,对处理博与精的关系颇有帮助。博览与精读是辩证的统一,博是精的基础,精能为博创造条件;博离开了精,就会变成杂,精离开了博就会变成孤。掌握这个辩证法,是读书的高级艺术。

5.读书要联系生活实际

即使一个读者具备了如前所述的各种阅读理解能力,也有可能对有的书仍然读不懂。这是什么原因呢?这是因为读者没有读物中所讲述的事物的经验,即使看懂了字面意思,却仍然很难理解。著名的事例就是赵括"纸上谈兵"的例子:

　　战国末期的时候,有一个叫赵括的人,他是赵国名将赵奢的儿子,自幼熟读兵书,谈起兵法来头头是道,连他的父亲也难不倒他。当时有不少人觉得他是个将才。后来秦国进攻赵国,大将廉颇奉命御敌。廉颇针对秦军来势凶猛的特点,采取了固守的策略,没有立即出战。赵孝成王听信谗言,认为廉颇年老怯弱,于是改派赵括为上将,到长平接替廉颇。赵括自以为熟悉兵法,一上来就照搬兵书上的条文,主动出击,结果上了秦军的圈套,全军覆没。赵括本人也死在乱箭之下。后人批评赵括这种读书不结合生活实际,只知夸夸其谈的学风,说他是一个只会"纸上谈兵"的人。

　　赵括就是典型的读书不结合生活实际的反面教材。美国第一任总统华盛顿说过:读书而不能运用,则所读书等于废纸。在孩子读书时,务必要时时提醒他,读书长知识是为了将来运用在实践当中的,而不是用来夸夸其谈的。

　　读书为什么要结合生活实际?这首先要从读书的效果看。凡是脱离生活实际死抠书本的人,在理解方面往往不能深入,学到的知识也常常不能融会贯通。

　　宋代大诗人陆游在《冬夜读书示子聿》一诗中曾写道:"古人学问无遗力,少壮功夫老始成,纸上得来终觉浅,绝知此事要躬行。"在这里,他深切地感受到单纯读书的局限性,而强调读书必须与实践相结合。书本知识固然是人们实践经验的总结,但是对于读者来说,它毕竟是间接的,自己没有亲身体验过,因此单纯从纸上获得知识就难免流于肤浅。读书只有联系生活实际,自己亲自体会验证一下,认识才能由浅入深,把书本知识化为自己的血肉。

　　古往今来,读书能结合生活实际而获得真正知识的不乏其人。明代医学家李时珍坚持一边读书,一边行医采药,跑遍了祖国的名山大川,最后终于写出了具有极高科学价值的巨著《本草纲目》。清代学者顾炎武,抱定"行

万里路,读万卷书"的宗旨,一边读书,一边做社会调查,撰写了具有真知灼见的《天下郡国利病书》。他们都是读书联系生活实际而取得成就的典范。

读书为什么必须联系生活实际,还要从对书本知识的检验和评价方面看。就一般的书本知识来说,都是作者在彼时彼地经验的总结。但是客观生活实际情况往往是千差万别和不断发展变化的。因此书本知识也往往是不完全的。我们从一本书中获得的知识是否正确,是否符合自己的生活实际,还要放到实践中去检验。如果认为只要是书上的东西都是对的,而不去结合生活实际进行评价检验,就可能接受错误的东西。

有人说,一年读一次莎士比亚,每次都可以有新发现。每一本书,咀嚼一回,总可以得到些真味。不要只相信别人的说法,虽然明达的批评可以帮助我们理解,可惜这样的批评并不多。和10个人相交,未必有两三个可以成为朋友;从书中所得的友谊温情,比例却比较高。有时我们自己的经验没有成熟,不能理解一部作品;有时同一部作品,因为读的时间不同,给我们留下不同的印象,可以证明自己的经验往往对读书有很大影响。所以我们要想深入到书里去,非同时将生活经验尽力扩大不可。有批评家说,少年人读塞万提斯的《唐·吉诃德》会发笑,中年人读了会思想,老年人读了却要哭,也就正是这个道理。

读书必须联系生活实际,这还要从读书的目的看。作者把自己的实践经验写成书本,其目的不是为了藏之名山,而是为了传之后人,用自己的经验去指导他人的实践。而对于读者来说,读书的最终目的不是为了了解知识,炫耀知识,而是为了运用知识。读书如果不是为了应用就失去了读书的意义,而要应用就必须联系生活实际。

文章所表现的,就是作者将某种经验转化成语言的组合并传达给他人的东西。从读者一方看,就是通过语言的组合,即文章获知作者的经验。这正如驾驶员在十字路口看到了红灯就应该想到必须停车,看到绿灯就想到可以继续前行。文章是复杂化的信号,如果不懂得红灯停绿灯行的信号功能,就无法驾驶车辆,同样,如果不领会语言的意义,就读不懂书。但是,只知道信号的意义而毫无驾驶经验的人, 在十字路口只能束手无策。驾驶员在知道信号意义的同时,必须还要有实际的驾驶经验。同理,读者不仅要知道语言本身的意义,而且或多或少也要结合自身的经验了解语言所表达的到底是什么,否则的话,就不能真正理解文章的含义。

因此,书本与生活不可以分开,应该把它们熔于一炉。书本帮助你理解生活,生活也能帮助你理解书本。

细节 ⑧

让孩子把读书当做一生的嗜好

东晋大诗人陶渊明云:"好读书不求甚解,每有意会,便欣然忘食。"一旦爱上读书,书就真的有了让人废寝忘食的魔力。当孩子真正地把书当成爱好时, 可以说孩子在读书的道路上已经成功了一半。

教育心得:

一旦爱上读书,书就真的有了让人废寝忘食的魔力。当孩子真正地把书当成爱好时,可以说孩子在读书的道路上已经成功了一半。

1.书山有路勤为径

"书山有路勤为径,学海无涯苦作舟"、"天道酬勤",虽然是老生常谈,但读书的道路确实是艰辛的, 没有什么捷径可走。要想在读书之路上取得一些成绩,首先具备的素质就是勤奋。历史上大凡学识渊博之人,靠的都是勤奋读书,在这方面

给我们留下了无数典范,并传为佳话。

(1)牛角挂书

唐代李密去拜访一个他非常佩服的人。他骑着牛,在牛角上挂上一卷《汉书》,边走边读。越国公杨素在路上见到他,拉着马缰绳从后面跟着他,说:"什么书让你勤奋到这种地步?"李密说是《项羽传》。杨素于是与李密谈论,认为他是奇才。后来用"牛角挂书"比喻勤奋读书。

(2)囊萤映雪

这是由两个故事组成的典故。囊萤:用袋子装萤火虫;映雪:利用雪的反光。利用口袋里萤火虫的光和雪的反光在夜间读书。

车胤勤奋读书,手不释卷,博学多才,但其家境贫寒,用不起灯油,夏天就用白布囊盛几十个萤火虫,用它们发出的光照着读书,夜以继日。

南朝梁孙康家贫,无钱买灯烛,晚上常映着雪光读书。

后人常把"囊萤映雪"两个典故作为勤学的典范。

(3)目不窥园

此典故是说无暇观看园中景色,形容埋头读书、专心治学。董仲舒讲学授课,3年不出屋,无暇看园中景,他的弟子又收了弟子,后来的弟子有的居然没见过他的面。他治学专心到这种程度。后来用以形容埋头读书,足不出户。

(4)林纾读书则生,不则入棺

林纾是我国近代著名的文学家、翻译家。他是福州人,清末举人。

林纾小时候家里很穷,却爱书如命,买不起书,就只好向别人借来自己抄,按约定的时间归还。他曾在墙上画了一具棺材,旁边写着"读书则生,不则入棺",把这8个字作为座右铭来鼓励、鞭策自己。这句名言的意思是:他活着就要读书,如果不读书,还不如死去。他常常是起五更睡半夜地摘抄、苦读。他每天晚上坐在母亲做针线的清油灯前捧着书孜孜不倦地苦读,一定要读完一卷书才肯睡。由于家穷，加上读书的劳累，他18岁时，患了肺病，连续10年经常咳血，但他卧在病床上还坚持刻苦攻读。到22岁时，他已读了古书2000多卷,30岁时,他读的书已达1万多卷了。

他曾经说：用功学习虽是苦事，但如同四更起早，冒着黑夜向前走，会越走越光明；好游玩虽是乐事，却如同傍晚出门，趁黄昏走，会越走越黑暗。

（5）施洋搓脚夜读

二·七大罢工著名的工人领袖施洋，幼年家道贫寒，买不起灯油。村里有一座叫隆兴观的古庙，庙里点有一盏长明灯，他就在古庙里读书。冬季寒冷，他的脚冻得难受。起初他不时地站起来跺脚，后来觉得这样浪费时间，便削了一根圆滑的木棍，放在脚底下，一边读书一边来回用脚搓木棍，搓暖了脚，他又能安心读书了。

（6）鲁迅卖奖章

鲁迅在南京江南水师学堂读书时，因考试成绩优异，学校奖给他一枚金质奖章。他没有戴此奖章作为炫耀自己的凭证，而是拿到鼓楼大街把它卖了，买回几本心爱的书和一串红辣椒。每当读书读到夜深人静、天寒体困时，他就摘下一只辣椒，分成几片，放在嘴里咀嚼，直嚼得额头冒汗，眼里流泪，嘴里"唏唏"，顿时，周身发暖，困意消除，于是又捧起书攻读。

（7）王亚南绑在柱子上读书

我国著名的马克思主义经济学家、《资本论》最早的中文翻译者王亚南,1933年乘船去欧洲。客轮行至红海，突然巨浪滔天，船摇晃得使人无法站稳。这时，戴着眼镜的王亚南，手上拿着一本书走进餐厅，恳求服务员说："请你把我绑在这根柱子上吧!"服务员以为他是怕自己被浪头甩到海里去，就照他的话，将王亚南牢牢地绑在柱子上。绑好后，王亚南翻开书，聚精会神地读起来。船上的外国人看见了，无不向他投来惊异的目光，连声赞叹说："啊!中国人真了不起!"

(8)黄侃误把墨汁当小菜

1915年，著名学者黄侃在北大主讲国学。他住在北京白庙胡同大同公寓，终日潜心研究"国学"，有时吃饭也不出门，准备了馒头和辣椒、酱油等佐料，摆在书桌上，饿了便啃馒头，边吃边看书，吃吃停停，看到妙处就大叫："妙极了!"有一次，他看书入迷，竟把馒头伸进了砚台、朱砂盒，啃了多时，涂成花脸，也未觉察，一位朋友来访，捧腹大笑，他还不知朋友笑他什么。

(9)曹禺真读书假洗澡

抗日战争期间，曹禺在四川江安国立戏剧专科学校任教。一年夏天，有一次曹禺的家属准备了澡盆和热水，要他去洗澡，此时曹禺正在看书，爱不释手，一推再推，最后在家属的再三催促下，他才一手拿着毛巾，一手拿着书步入内室。一个钟头过去了，未见人出来，房内不时传出稀落的水响声，又一个钟头过去了，情况依旧。曹禺的家属顿生疑惑，推门一看，原来曹禺坐在澡盆里，一手拿着书看，另一只手拿着毛巾在有意无意地拍水。

类似上述的故事不胜枚举，许多前人在艰苦的环境中尚能克制自己，刻苦读书，成就一番事业，而我们生逢盛世、条件优越，更应该勤奋刻苦地学习。

2.边读书边思考

培根说过："用书之智不在书中，而在书外。"读书收获的多少关键在思考。孩子阅读中往往不思考，囫囵吞枣，家长要从小培养他们边读边思考的习惯。

哲学家伏尔泰说："书读得多而不加思考，你就会觉得你知道得很多，而当你读书而思考得越多的时候，你就会清楚地看到你知道得还很少。"

苏格拉底说："不经反省的生活不值得过。"思考的能力是上帝赐给人类最宝贵的礼物，我们应该充分利用它去获得智慧。而思考与阅读活动又

有什么关系呢?

阅读与思考的关系非常密切。阅读过程实际上就是人的大脑的思考过程。读与思应该密切结合,是被现代科学研究证明了的。现代心理学家和阅读研究者通过科学的实验手段,已经得出了明确的结论:阅读的根本机制在大脑,而大脑的主要作用是思维。美国阅读学家施道弗在他的《阅读——一个思维过程》中明确指出,阅读的本质是思维。因此,我们说阅读与思维是密不可分的,阅读过程是人的大脑在思考的过程。所以阅读时我们必须把阅读与思考有机地结合起来,任何把阅读与思考分割开来的做法都是反科学的,都是违背阅读规律的,是决不会取得好的阅读效果的。

阅读与思考的密切关系,早被人们所认识。我国古代著名教育家孔子就明确指出:"学而不思则罔,思而不学则殆。"宋代学者朱熹把读思结合作为一条学规昭示于众,他说:"学便是读,读了又思,思了又读,自然有意。若读而不思,则不知其意味;若读得熟而又思得精,自然心与理一,永远不忘。"清代学者王夫之也说过:"致知之途有二,曰学,曰思。"关于阅读与思考,人们还有许多精辟的见解,诸如"好学多思"、"熟读精思"、"博学慎思"、"精读细思"等等。以上主张,都正确揭示了学与思、读与思之间密不可分的关系,强调把阅读与思考有机地结合起来。

许多读书大家在读思结合方面都给我们做出了榜样。鲁迅在强调读书要"心到、手到、眼到、口到"的同时,特别强调"脑到"。在鲁迅一生的学习和研究中,始终贯穿着独立思考的精神。他读了孔子、孟子、庄子等古代思想家的著作,不是全部否定或无批判地接受,而是通过思考,取其精华,去其糟粕。总之,把阅读与思考结合起来是十分重要的。只有这样,阅读才能取得理想的效果。

结合孩子的读书情况,在初期,您可以在孩子正在看一本书或者刚看完一本书时,有意跟孩子讨论这本书的内容,您可以先这样问:"书中写了怎样

的人物?通过什么故事写的?"如果孩子正在看一本书,他可能会因故事的情节发展而发出惋惜声或者笑声,您一定要抓住时机,不妨问他:"什么故事又让你笑了?"孩子自然就会叽里呱啦地说起书中的种种。在孩子评论时,您一定要微笑着用眼神鼓励他,表示您对他所讲的很惊讶、很有兴趣,还不时地问"是吗",引发他继续往下讲,最后问他"这个故事说明了什么问题?"在孩子读论述文或科普读物时,给孩子提一些思考题。例如,作者的见解是什么?作者是怎样论述的?论述的道理在生活中如何应用?经常这样辅导,孩子就会养成思考的习惯,将来读书时自己就会给自己提出问题。

当孩子已经具备了在阅读中自觉思考的意识之后,家长就可以给他灌输一些具体的思考方法了。下面就简要介绍几种阅读中的思考方法:

(1)未读先思法

是先根据目录、章节标题进行思考,构成一本书的轮廓。然后再细读原文,边读边与自己推想的本书内容进行对比、印证,研究二者之间的差距,并更进一步加深对书中内容与表达形式的理解。

(2)正读反思法

是阅读中通过积极思维,从正反两个方面理解和评价文章,从而更深刻地理解原文的一种评判性阅读方法。正读,是指首先要正确地理解文章的本义。反思,就是朝着习惯性思维相反的方向进行思考,或者提出与作者不同的论点和论据,进行不同的论证。

(3)读后再思法

是指先读原文,正确理解原文,再动用自己原有知识进行综合分析,然后考虑吸收其精华,充实自己的知识储存,或修正其谬误,提出自己的见解。运用此法时应注意:读原文时不能抱偏见,避免先入为主;分析时要全面,敢于质疑;提出自己的见解时要慎重,力戒草率。

（4）掩卷凝思法

是读后再思的另一种阅读形式，即在读完一章一节的文字或全书后，合上书本，继续凝神思索，复现、回味书中的内容，或默默探寻某种深意及解决某种问题的途径和方案等。这种方法对于增强对书中内容的理解与记忆，或根据书中内容发现问题、解决问题都有很好的效果。

总之，我们要教育孩子把学与思相结合，力求达到对知识牢固地记忆与掌握、透彻地理解与领悟的阅读目的。

3.读书要专心

读书有什么"秘诀"吗？有，这个"秘诀"就是专心。阅读的成效来自于一定时间内的"专一不二"。有人把这种学习状态形容为"聚焦"。聚焦的能量足以使坚硬的金属熔化。有些人阅读成效不大的原因，通常并不是由于他们不努力，而是他们学习时平均使用力量，不善于"专一不二"。

美国发明大王爱迪生在回答别人的提问 "成功的第一要素是什么"时答道："能够将你身体与心智的能量锲而不舍地运用在同一个问题上而不会厌倦的能力。你整天都在做事，不是吗？每个人都是。假如你早上 7 点起床，晚上 11 点睡觉，你做事就做了整整 16 个小时。对大多数人而言，他们肯定是一直在做一些事，唯一的问题是，他们做很多很多事，而我只做一件。假如你们将这些时间运用在一个方向、一个目的上，那么就会成功。"

有一位日本企业家曾经写过一本《90 分钟集中精神法》的小册子，书中提到：一个人能够集中精神做事的最大时限平均约为 90 分钟。他以早餐会、讨论会、写稿、演讲为例，认为能够集中精神全力以赴的时限，大约在 1~2 小时，其平均值约为 90 分钟。我们观摩电影和音乐会等，一般时间也都定在一个半小时左右，倒也符合 90 分钟集中注意力的说法。有专家经过研究得出结论，人们集中精力的最佳时限为 25 分钟。超出此限，精力就不容易集中。因此，如果每天在你认为最合适的时间安排 25 分钟阅读，这是最有成效

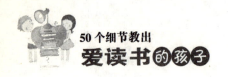

的。据测定，25分钟可阅读普通读物20页，如果一本读物为280页，两周可读一本，一年可读26本。前面已经提到，要善于激发自己的阅读兴趣。读自己感兴趣的书籍，更容易集中自己的注意力。

如果了解自己能集中注意力阅读的最高时限，将会有助于阅读效率的提高。因为清楚自己注意力集中的最高时限，就不会毫无意义地把阅读的时间做不必要的延长。如果你的最大时限是50分钟，那么不妨就在50分钟以后休息一下。休息是为了积累更多的能量，在适度的充电之后，就更能提高学习效率。适度地变换阅读内容，也有助于自己注意力的集中。为了保持学习效率，必须注意学习内容的求新、求变。

紧张的情绪会激发精神的集中力，使得思绪清晰、活泼起来，所以紧张是正常的精神反应。比如，面临重大考试却显得若无其事的话，并非好事。因为，没有紧张就没有警戒心，事情就容易出错。当然，过分的情绪反应，紧张得什么事情也做不了，那比不紧张更糟糕。但是，适度的紧张情绪，绝对是有必要的。

列宁读书的速度和理解的深度异常惊人。有一次，一位老布尔什维克见列宁捧着一本很厚的外文书在快速翻阅，便问他要把一首诗背下来需要读多少遍，列宁回答说：只要读两遍就可以了。

列宁之所以具有如此强的记忆力，是与他读书过程中的专心致志分不开的。他读起书来，对周围的一切就理会不到了。有一次，他的几个姐妹恶作剧，用6把椅子在他身后搭了一个不稳定的三角塔，只要列宁一动，塔就会倾倒。然而，正专心读书的列宁毫未察觉，纹丝不动。直到半小时后，他读完了预定要读的一章后，才抬起头来，木塔轰然倒塌……

这个故事说明，要想把书读透、记牢，必须高度集中注意力。古人早就说过："读书有三到：心到、眼到、口到。心不在此，则眼看不仔细。心眼既不专一，却只漫浪诵读，决不能记，记亦不能久也。三到之中，心到最急。心既

到矣,眼、口有不到者乎?"

读书要专心,道理好懂,但做起来却不容易,原因是:其一,人往往缺乏定势,易为复杂的环境所干扰,而被环境所支配;其二,缺乏训练,专心于一事是一种能力,这种能力需要通过训练和锻炼才能获得。心理学上对注意力集中有一定的训练方法,但这是指较短时间的精神集中,几分钟或个把小时。这里说的专心,是指一段时间内,几天、几周甚至更长时间,集中注意力做一件事情。对此,似乎没有成熟的训练方法,主要靠自己在阅读实践中训练。

4.读书要持之以恒

一位诗人说过,神明在通往幸福天堂的道路上设置了很多需要辛勤劳动才能克服的障碍。知识和才干的增长同样不是一朝一夕的事,只有通过坚持不懈的阅读,才会有所收获。

美国人埃利胡•布里特 16 岁那年,他的父亲就离开了人世。于是,他不得不到本村的一个铁匠铺当学徒。每天,他都得在炼炉边工作 10 到 12 个小时。但是,这个勤奋的小伙子却一边拉着风箱,一边在脑海里紧张地进行着复杂的算术运算。他经常到伍斯特的图书馆阅览那里丰富的藏书。在他当时所记的日记中,就有这样一些条目:

6 月 18 日,星期一,头痛难忍,坚持看了 40 页的居维叶的《土壤论》、64 页法语、11 课时的冶金知识。

6 月 19 日,星期二,看了 60 行的希伯来语、30 行的丹麦语、10 行的波希米亚语、9 行的波兰语、15 个星座的名字、10 课时的冶金知识。

6 月 20 日,星期三,看了 25 行希伯来语、8 行叙利亚语、11 课时的冶金知识。

终其一生,布里特精通了 18 门语言,掌握了 32 种方言,他被人尊称为"学识最为渊博的铁匠",并名垂史册。

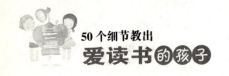

抱朴子曾这样说：周公这样至高无上的圣人，每天仍坚持读书百篇；孔子这样的天才，读书读到"韦编三绝"；墨翟这样的大贤，出行时装载着成车的书；董仲舒名扬当世，仍闭门读书，3年不往园子里望一眼；倪宽带经耕耘，一边种田，一边读书；路温舒截蒲草抄书苦读；黄霸在狱中还从夏侯胜学习；宁越日夜勤读以求15年完成他人30年的学业……详读六经，研究百世，才知道没有知识是很可怜的。不学习而想求知，正如想求鱼而无网，心虽想而做不到。

抱朴子又说：吴地产劲竹，没有箭头和羽毛成不了好箭；越土产利剑，但是没经过淬火和磨砺也是不行的；人性聪慧，但没有努力学习，必成不了大事。孔夫子临死之时，手里还拿着书；董仲舒弥留之际，口中还在不停诵读。他们这样的圣贤还这样好学不倦，何况常人怎可松懈怠惰呢？

悬梁刺股、凿壁偷光、燃薪夜读、编蒲抄书、负薪苦读、隔篱听讲、织帘诵书、映雪读书、囊萤苦读、韦编三绝、手不释卷、发愤图强、闻鸡起舞……这些流芳百世的勤学苦读的典范和榜样，仍将激励后学，光照千古。

让我们做一个粗略的计算，按照中等阅读速度每分钟读400字，假如每天抽出15分钟的时间用于学习，可以读6000字；如果能够抽出30分钟，则可读1万多字。即使只按15分钟计算，一个月下来你就看了18万字，一年下来就是200多万字，这差不多是3000多页的书；若按一本书20万字计算，每天读书15分钟，一年就可以读10多本书，这个数目已相当可观。

如果每天有1小时用于读书，能读2.4万字，一周7天读16.8万字，一个月可读72万字，一年的阅读量可达80万字，相当于20万字的书40多本。

威廉·奥斯罗爵士是美国当代最伟大的内科医生之一。他的杰出成就不仅在于他精深的专业知识和技能，而且因为他具有各方面的渊博知识。他非常重视提高自身文化素养，也很清楚要了解人类杰出成就的最好途径就是阅读前人留下的文字。但是,奥斯罗有着比别人大得多的困难。他不仅是工作繁忙的内科医生,同时,他还得任教、进行医学研究,除了少得可怜的吃饭、睡觉时间,他的大多数时间都浸泡在这三种工作中。

奥斯罗自有他的解决办法。他强迫自己每天必须读书 15 分钟,不管如何疲劳、难受,睡觉之前的 15 分钟必须用来看书。即使有时研究工作进行到夜间 2 点,他也会读到 2 点 15 分。坚持一段时间后,他如果不读上 15 分钟就简直无法入睡。

在这种坚持下,奥斯罗读了数量相当可观的书籍。除了专业知识之外,他在其他方面的才学亦十分全面,这种趋于完美的知识结构使他能够充分发挥其他业余爱好,并皆有所成。

读书,需要像蜜蜂一样勤劳。毛泽东同志在湖南第一师范求学时,曾写一联以自勉:"贵有恒,何必三更眠五更起;最无益,只怕一日曝十日寒。"我们一定要告诉孩子,读书要有持之以恒的科学态度。

5.读书应该是一生的追求

被授予共和国中将军衔的孙毅将军,在他的百岁人生中,一直未曾间断读书:早年在旧军队时,他喜欢读《三国演义》、《东周列国志》、《前汉演义》和《后汉演义》;参加红军后,他又读了马克思、列宁、毛泽东的著作;1952 年赴朝鲜战场参观学习时,他还带着苏联战争题材书籍《军官随笔》、《恐惧与无畏》、《日日夜夜》等,有空便翻几页;晚年离休后,他又把《资治通鉴》通读了一遍。孙毅将军一贯倡导青年人读书,他说:"对学习要有个长期的打算,要准备读一辈子书。我替大家算了一笔账,假如每天能用两个小时的业余时间读书,学政治、学经济、学科学、学管理,按每小时慢读 5000 字、人活到 70 岁计算,那么一个人一辈子就可以读两亿多字的书,总共大约是一两千本。希望大家抓紧时间读书,把头脑变成一个小型图书馆。"

孙毅将军一生都在学习,把读书当成终生的事业,堪称"活到老,学到

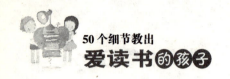

老"的楷模,值得我们敬佩,更值得我们追随与学习。我们要追随他不曾间断的学习脚步,学习他不断进取的读书精神!

如果孩子以为,读书只是在学校里的事情,唯有学校才是学习的场所,当自己长大了,离开学校后,就再也没有必要进行学习了。家长应该纠正孩子的这种想法,应当告诉孩子:在学校里自然要读书,离开学校仍然需要读书,并且要不断地读书。学校里学的东西是十分有限的,我们在工作中和生活中所需要的相当多的知识与技能,课本上都没有,老师也没有教给我们,这些东西完全要靠我们在读书中不断自我学习。可以说,如果不继续读书,将来就可能无法适应社会的发展,有被时代淘汰的危险。

伴随着以数字化、网络化为特征的现代信息技术的突飞猛进,新知识呈现出爆发性增长的趋势。知识量猛增,而知识的更新周期愈来愈短。据估计,人类的全部知识每 5 年就要翻一番。这就要求每个人都必须把学习贯穿自己的一生,活到老,学到老。

由于社会的进步,科学技术的迅猛发展,知识总量剧增,使知识的老化周期变短,知识的更新急剧加速。在人的一生中,大学阶段只能获得需用知识的 10%左右,而其余的 90%都要在工作中不断学习才能取得。因此,传统的一次性学校教育已无法适应现实的挑战,那种结束学校教育、找到工作就一劳永逸的体制已成为历史。每一个人要想使自己适应未来工作的需要,就必须终身学习。终身学习是面对知识爆炸性增长的必然选择;终身学习是一种积极的人生态度,它会给你带来无穷的乐趣和活力。

学习,是人类认识自然和社会、不断完善和发展自我的必由之路,一个人只有不断地学习,不断地进取,才能获得新知,增长才干;才能跟上时代的发展,获得成功。而新知识很大一部分都来自于书籍。每一个人要想使自己适应未来工作的需要,就必须终身读书。特别是在科学技术飞速发展的今天,我们只有以更大的热忱如饥似渴地去读书、学习,才能使自己丰富和

深刻起来,才能不断地提高自己的整体素质,才能更好地投身到工作和事业中去,才能赢得灿烂的明天和成功的未来。

终身读书,讲的就是人一生都要阅读,从幼年、少年、青年、中年直至老年,读书将伴随人的整个生活历程并影响人一生的发展,这是不断发展变化的客观世界对我们提出的要求。古人云:吾生也有涯,而知也无涯。当今时代,知识更新的速度大大加快,实践无止境,书海也无止境。我们要适应不断发展变化的客观世界,就必须把读书从单纯的阅读变为生活的方式,努力做到活到老、学到老,把读书作为一生的追求,实现终身读书。

革命先驱孙中山先生常道:"我一生的嗜好,除了革命之外,只有好读书。我一天不读书,便不能够生活。"

书籍是读不完的,无论你的文凭有多高,无论你处在哪个年龄阶段,无论你身处哪种环境里,无论你现在或未来的成就有多高,你都应该继续读书、不断读书,因为人生就是一本永远读不完的大书。

细节⑨

阅读时保持愉快的心情,
效果一定事半功倍

阅读时的心态与阅读的效率成正比。生物心理学认为,任何一种情绪都能促使人们的身体相应采取某种行动。比如当一个人愤怒时,他的血液就流向手部,这样更便于抓住武器,同时他的心跳

教育心得:

阅读的效果如何,跟阅读者的情绪有很大关系。阅读时心情愉快,就读得进去,效果自然好。阅读时心情欠佳,就很难读进去,效果也差。

加快,肾上腺素之类的激素增加,激发了体内强大的能量。同样,当一个人快乐时,脑部抑制负面情绪的部位就比较活跃,能量增加,使制造忧思的部位获得了舒缓。情绪中枢对脑部其余部位的功能有很大的影响力,甚至可以左右一个人的思考力。所以,保持孩子在读书时有一个良好的心态和心情是十分必要的。

著名物理学家杨振宁在对西北大学物理系学生的一次谈话中说,有一家杂志发表介绍他的文章,有个小标题叫"终日计算,沉思苦想",他看了之后很不舒服。他说他尤其不能同意那个"苦"字。什么叫"苦"?自己不愿意做,又因为外界的压力非做不可,这才叫"苦"。他觉得他对物理学的研究没有"苦"的概念,物理学是非常引人入胜的,它对自己的吸引力是不可抗拒的。

阅读的效果如何,跟阅读者的情绪有很大关系。阅读时心情愉快,就读得进去,效果自然好。阅读时心情欠佳,就很难读进去,效果也差。有一位教师曾做过一个有趣的试验,他把50名学生分成两组,一组以愉快的方式上课,一组以不愉快的方式上课。3个星期后发现,在愉快气氛中上课的学生,大多数能记住较多的东西,持久不忘。而另一组学生,情况就明显差多了,他们难以记住学过的东西。于是,有一位哲学家颇为感慨地说,如果我们想的都是快乐的念头,我们就能快乐;如果我们想的都是悲伤的事情,我们就会悲伤;如果我们想到一些可怕的情况,我们就会害怕。

一个人阅读时的心情如何,是能够制约他的阅读效果的。当你能有效地采用各种办法调节孩子的心情,让他以一种轻松愉快的心情来阅读时,孩子的思路就会变得活跃起来,注意力也更加集中。在这种心理状态下的阅读,自然能收到事半功倍的效果。那么,当孩子心情不好,一下子又难以从不良的心态中解脱出来时,建议你适当地为孩子调整一下原来的阅读计划。你可以让他出去散散步,或者去参加一些轻松愉快的户外运动,或者去找一些朋友聊聊天,排遣一下自己的不良心态。不然的话,他虽然继续按照原来的计划在阅读,可阅读时的注意力一定不容易集中,思想会老是开小差。这样的阅读,效果自然不会好的。在不良心情笼罩下,即使孩子想看书,也要尽量为他找一些轻松、幽默的书籍来读。

有人曾经总结了成功学的17条"黄金定律":(1)积极的心态;(2)明确的目标;(3)多走些路;(4)正确的思考方法;(5)高度的自制力;(6)培养领导才能;(7)建立自信心;(8)迷人的个性;(9)创新制胜;(10)充满热情;(11)专心致志;(12)富有合作精神;(13)正确看待失败;(14)永葆进取心;(15)合理安排时间;(16)保持身心健康;(17)养成良好的习惯。

将"积极的心态"放在17条"黄金定律"之首,是非常有道理的。无论做什么事情,要想成功,非得有积极的心态不可。阅读自然也不例外,阅读时保持愉快的心情,在一种积极的心态下学习,效果一定事半功倍。

第三章
引导孩子爱上读书，
让读书成为孩子的自觉行为

曾经有人向鲁迅先生请教过写作经验，他这样说，哪有什么经验，无非是多看了几本书罢了。前苏联教育家克鲁普斯卡娅也曾经说过："儿童阅读在孩子生活中起着重大的作用。童年读的书可以让孩子记一辈子，影响孩子进一步的发展。"

喜欢就是动力，兴趣是最好的老师，家长只有重视对孩子兴趣的培养，让孩子产生阅读的内部动力，孩子才能开发心智，主动去了解、研究，在了解和研究的过程中，渐渐培养学习的持久性，提高自学能力。

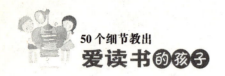
细节 ⑩

从孩子自身的兴趣、爱好出发，循序渐进培养孩子读书的兴趣

教育心得：

兴趣，是唯一能让孩子真正捧起书本的前提。这是每一个父母应当牢记在心的，并且应当采取有效的方式让孩子对读书产生兴趣。

"书籍是人类发展和进步的阶梯。"我们生存的技能与智慧大抵上来源于书籍。知识就是力量，是我们再熟悉不过的一句话，然而知识到底是从哪儿得来的呢？同样，大部分来源于书籍。

以上是我们每一个人都明白和知道的，正因为如此，许多望子成龙、望女成凤的父母都有一个心愿，便是希望孩子能够多看一些书，能够从书本中获得足够的知识。于是，有许多的父母便在无形之中要求或者是命令式地给自己的孩子挑选一些书，让孩子去读。

诚然，这是一件好事，也足见父母对子女的关爱。可惜的是，有许多的孩子在这种情形下，让父母觉得他们很不听话，因为孩子并没有像他们所想象的那样认真而仔细地去阅读那些书籍，甚至在很多的时候，孩子所表现出来的是一种沉默的对抗。

50个细节教出
爱读书的孩子

为什么会这样呢?或许父母感到有些冤屈,觉得孩子不能明白他们的苦心,因为这一切都是为了他们好啊!

是的,这种情形十分常见,也是令许多父母感到心痛的事。其实,仔细地想一想,引起这种情形出现的主要原因,便是这些含辛茹苦的父母,虽然他们的想法和出发点是好的,但是却没有能够寻找到一种合适并且有效的方法!

只要他们能寻找到适当的方法和有效的方式,他们的孩子都会像他们所期待的那样,成为一名喜欢读书并且能够从书籍中积累到许多知识的好孩子。这种有效的方式是什么呢?就是从孩子自身的兴趣、爱好出发,循序渐进培养孩子读书的兴趣。

兴趣是人从事实践活动的强有力的动力之一。任何人,只要他对从事的某项活动有很大兴趣,他就能积极地、创造性地完成这些活动。相反,如果一个人对于从事的某项活动不感兴趣,不要说创造性地工作,即使是一般性地完成任务也是很困难的。因此,要使孩子养成读书的习惯,最好的办法就是设法激发孩子对书的兴趣。

爱因斯坦曾经说过:"兴趣和爱好是最好的老师。"而当我们能够激发孩子读书的兴趣之后,便能够让孩子自觉自动地去读书,寻找自己想要读的书,也就不会有我们想让孩子读书而孩子以沉默的方式对抗的事情发生了。

兴趣,是唯一能让孩子真正捧起书本的前提。这是每一个父母应当牢记在心的,并且应当采取有效的方式让孩子对读书产生兴趣。现在,我们就来一同看看一位父亲是怎样让一个看见书本就脑袋大的孩子,从讨厌读书转变成喜欢读书的。

陈诚是一名初中学生,学习成绩并不好,但是他却十分喜欢运动,特别是对足球运动达到了如痴如醉的地步。当然,像这样好动的孩子,让他静下

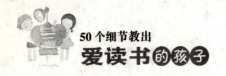

心来去看书是一件很难办的事。

陈诚的母亲是一名小学教师,深知孩子只有从小打好基础,广泛地阅览书籍,才能积蓄到以后所需的知识和能力。于是,她总是给陈诚买书,并且规定陈诚要看一些什么方面的书籍。

虽然,陈诚的母亲对陈诚的要求十分严厉,可是陈诚呢?却并不了解母亲的苦心,并且对母亲的这种要求相当地排斥,只不过没有完全地表现出来,充其量是在母亲在的时候,就假装在看书,母亲一不在眼前,就立刻扔掉书本,跑到外面去和小伙伴踢球去了。

陈诚的母亲在开始的时候,还不知道这些,还认为陈诚真的把她给买的书都看了呢。直到有一天,她才发现,陈诚并没有真的看那些书。为此,陈诚的母亲感到十分生气,还狠狠地"教训"了陈诚一顿。她原本以为这样陈诚便会有所改变,会去看那些书的。但是出乎她意料的是,陈诚却站在了她的对立面。

她将这一情况告诉了一直忙于工作的丈夫。陈诚的父亲听后,想了想,婉转地说她的方式不对,在有的时候应当采取一些技巧,并且保证能让陈诚自动自觉地看书。陈诚的母亲对这些话半信半疑。

这天,陈诚正在和小伙伴在小区的空场地踢球,父亲笑呵呵地让陈诚过来说有些事想和他聊聊。

陈诚有些不情愿地走到父亲的身边,还担心父亲会说他呢。没想到的是,父亲却跟他聊起了足球,先从贝克汉姆、罗纳尔多、郝海东等陈诚喜欢的中外球星说起,又聊起了足球的历史。

父亲所讲述的这些事虽说陈诚也知道一些,但是他没有想到父亲竟然比他还要了解。陈诚一扫刚才的担心和害怕,饶有兴趣地问父亲怎么了解得这么多。

父亲笑着说都是看书看来的。

看书!?陈诚在听到父亲的话后,感到了有些不自然。

父亲在说完那些后,笑了笑,接着说:"今天,我就和你说到这儿,有时间我们再聊!"

就在那天晚上,陈诚主动地向父亲问起白天所说的足球方面的知识是从哪本书上看来的,并且问现在是不是能找到那本书。父亲正等着这句话呢,于是,便将早就准备好的一本足球知识和某位球星的传记拿了出来。

陈诚以浓厚的兴趣将父亲给他的书看完了。看完后,父亲和陈诚聊了一次,并且从那几本书中引申出球星成功的经历,并且建议陈诚说,如果要多了解这方面的知识不妨多看看书。

就这样,陈诚在不知不觉中便养成了读书的习惯。

陈诚的事例是不是给了您什么启示?也许您已经认识到了,要让孩子养成读书的习惯其实是有方法的。只有当孩子对书籍产生了兴趣之后,他们才会自动自觉地去读书,寻找自己想要读的书籍;反之,他们则把父母的要求当成是一种负担、一件苦差事,甚至还会产生沉默式的反抗。

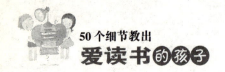

细节⑪

不仅要欣赏孩子的兴趣，
还要善于发现孩子的兴趣点

教育心得：

望子成龙、望女成凤的父母们，尽量挤点时间陪孩子玩一玩吧，在享受童心快乐的同时，您也将收获惊喜与希望，您将发现自己孩子的兴趣点在何处。

6岁的陶陶有一张聪明的面孔，那双会说话的大眼睛上长着长长的睫毛，显得机灵可爱。陶陶还没上小学，可是已经有一肚子的"真才实学"了。陶陶朗读儿童读物绝不卡壳，听他朗读《大闹天宫》一文，读音标准、流利。对于不认识的字，他会根据拼音拼读，读到不懂意思的词，陶陶则会停下来问个究竟，原来他是一边朗读一边思考其中的含义呢。书桌上有一本小学三年级的英语课本，随手翻一篇课文，陶陶照样读得琅琅上口，并且重音、语调等要素都基本到位，遇到不会的词，他同样会用音标来拼读。

显然，陶陶对文字和语言有一定的兴趣。但作为父母，不能只欣赏孩子的兴趣，还要善于发现孩子的兴趣点。不管您对孩子的兴趣持什么态度，您都要以极大的热情发现并支持，使其发展成为一种能力。

国际象棋大师谢军的脱颖而出，与她的母亲发现了自己孩子的兴趣所在有着密不可分的联系。

当年，谢军还在上学，在上学的同时，小谢军还十分喜欢下国际象棋。虽然小谢军也喜欢上学,但她只要往棋盘前一坐,她就会无比地畅快、兴奋。妈妈是毕业于清华大学自控系的电子工程师,深刻了解独生女儿的兴趣和天赋,她毅然把女儿送到了象棋学习班。若干年后,事实证明了,谢军确实是一位天才的棋手。

试想,如果当年妈妈没有发现谢军对下棋的兴趣,无视她对国际象棋的爱好,那么,我国就会少了一位出色的棋手。

明明的父亲吴先生就很会发现和培养自己孩子的兴趣。

明明通过看电视上的象棋解说栏目迷上了象棋,并由学习中国象棋到爱上了国际象棋,没事就翻看那本《图解国际象棋入门》。吴先生见儿子对象棋入迷,就送他到棋院学习。如今,明明的棋艺可不一般了,在电脑上玩,时常会占上风。小明明的才智还表现在数字概念上,他现场给我们算了几道 15 位数与 15 位数相加的题目。即使面对十几位数的算术,明明一点都不慌乱,没一会儿工夫就准确算出得数。他的心算技巧更是了得,给他一道 3 位数加 3 位数或 4 位数加 4 位数的应用题,明明只要听两三遍再思考一会儿便能准确答出得数。

明明两三岁时,家人从没主动教他认字,然而有一次吴先生惊奇地发现儿子竟然认识字了。那天,父子俩走在路上,明明指着路边停着的一辆车对父亲说"报日京北",吴先生一看,果然是"北京日报"的送报车。在吴先生的追问下,明明告诉父亲,他是从电视上学来的。从这个小细节上吴先生感觉自己的孩子识字能力可能比较强,就到书店购买了一套学汉字的图书。从此,明明的识字能力也就逐步加强了。到了 4 岁多时,明明已经可以认识4000 多个汉字了。

孩子将来能不能成功呢? 关键是他的兴趣点能不能早一些被发现,而且被大人所注意。考试的分数不能代表孩子所有方面的能力,兴趣是很重要的,它是成功的基础。

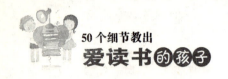
很多年轻的爸爸妈妈只重视分数，忽视了对孩子兴趣的启发和培养。国家教委提出将应试教育转化为素质教育，就是强调发现和发展孩子的兴趣，把他们培养成具备多种能力的未来建设者。

一个小女孩，偶然发现蚯蚓断成两半后，两半都在蠕动，感到特别好奇。她把断了的蚯蚓分别搁进两个有土的花盆里，想观察一下断了的蚯蚓还能不能活。妈妈非常生气，说："一个女孩子，摆弄什么泥巴，没出息！"说完，她把有蚯蚓的两块泥巴扔出门去。某位名人提到这件事时说："你看，这么一骂，一扔，就给未来的中国断送了一位女科学家！"

第四届全国十佳少先队员车亮，是拥有许多专利的小发明家。起初，什么东西拿到手里他都想拆开来看看。他爸爸不责怪他，只是说："你怎么拆的，就怎么再装上。"车亮看爸爸严厉的样子，拆玩具的时候就特别小心，每拆下一个零件都按顺序摆好，拆完琢磨明白后再一一装上。就这样拆了装，装了拆，车亮成了个小发明家。才上小学，他已经获得了三项国家专利。

孩子在幼年时，还不懂得自觉地意识到自己的兴趣点，所以，大人及早发现孩子的兴趣点，对孩子今后的成长作用就非同小可了。那么，如何发现孩子的兴趣点到底在哪里呢？首先，要让孩子把他自己的天性完全表露出来。表露天性的最直接的方式就在于孩子的"玩"上。

玩是孩子的天性，也是孩子的权利。让孩子放飞童心，在玩中快乐成长，是对父母最基本的要求。

为什么不陪孩子玩？诚然，现在社会竞争这么激烈，哪位父母不忙呢？但各位家长要懂得童心无价，挤也要挤出时间陪孩子聊天嬉戏，骑车带孩子到外面走走，增加与孩子交流沟通的机会。

孩子是父母最大的财富，教育孩子是父母最大的事业。忙，不应是父母不陪孩子玩的理由。曾看过一份对孩子的愿望的社会调查，希望父母多陪他(她)玩居然是他们的第二大愿望，排第一的是父母不要吵架。孩子的

这个要求应该不算高吧,但现实中不少父母却没有满足他们。

望子成龙、望女成凤的父母们,尽量挤点时间陪孩子玩一玩吧,在享受童心快乐的同时,您也将收获惊喜与希望,您将发现自己孩子的兴趣点在何处,说不定您的孩子还拥有着某种天赋的才能呢!

下面就给家长朋友们支上几招,让您可以更科学地培养孩子的兴趣所在。

1.开阔法

人在多接触事物、多读书、多联想过程中会激发兴趣。赋予孩子以更加开阔的生活,在开阔的实践中,帮助孩子在接触和参与中积极思考,展开联想,感受愉快,强化体验。学习兴趣、爱好,包括一种说不清楚的强烈的学习要求都会从内心里自然产生和发展。

2.突破法

培养孩子的兴趣,要有所重点,宁缺毋滥,找准一个突破点,从而举一反三。也就是说要帮助孩子认识自己的优势,发扬自己的优势,使自己的优势部分充分发挥。

3.讨论法

讨论,有利于孩子获得真知,增长能力,发展交往。进行探索研究性学习,也有利于形成和发展读书兴趣。孩子在讨论中最能展示他们思维的深刻性、灵敏性、丰富性和批判性。讨论也最能调动人的情感,出现热情和激动,激烈地讨论和争论也最能激发读书兴趣和探索研究的兴趣。所以鼓励孩子和同学、老师以及父母经常进行讨论,是激发孩子兴趣的一种好方法。

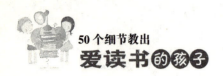

细节 ⑫

在孩子取得进步时及时地
把鼓励和称赞的话送到

在现实生活中，成年人往往是用命令的口气让孩子去读书、去学习，成果不佳还会训斥和责备，令很多孩子提心吊胆。而同时很多父母抱怨孩子不听话，不按自己的要求去做事情，那是因为他们根本就没有切实地把自己的话送进子女的心中。其实，由于孩子的年龄特点和心理结构，对孩子读书的教育要以鼓励、引导为主。相比苦口婆心的说教和严厉的教导，鼓励和赞赏的话语更容易深入孩子的心灵。

鼓励孩子，让孩子快乐，千方百计甚至刻意地表扬孩子，给他一种好的感觉，他就会往您要求的道路上走。要对孩子有信心，不要只看到眼前，对一棵幼芽的赞美会让您获得累累硕果。在阅读书籍方面，家长一定要注意给孩子创造良好的读书大环境，在孩子取得进步时及时地把鼓励和称赞的话送到，让您的孩子发现读书是一种顺利而且有趣的体验，在他心中树立起阅读的自信心。

一般传统的观念认为，努力和挫折导致成功，失败是成功之母，而实际上往往是成功的体验可以诱发取得进一步成功的动力。程泓教育他的女儿婷婷的办法就是让她尝到成功的甜头，而不是失败的苦头。程泓认为，对孩子幼小的心灵来说，往往看到成功的希望，才有努力的力量。积累小的成功才能化为大的胜利。

婷婷11岁刚接触应用题时，有一次，10道题只做对了1道。如果是其他父母，早气坏了。错1道题还情有可原，错9道题那真是不可饶恕的笨蛋。可是，婷婷的爸爸程泓却满怀深情地对她说："简直不可思议，这么小的年龄做这么难的题，第一次居然就做对了1道。"婷婷露出了喜悦的表情："爸爸，你小时候，会不会做？""我肯定不敢做，像你这个年龄，这么难的应用题，爸爸连碰都不敢碰。"婷婷听了这话，自豪得不得了，越来越爱做，一次比一次对得多。她仿佛插上了飞翔的翅膀，自由地翱翔在数学知识的天空里。她仅用3年时间就学完了小学6年的数学课程。升初中的时候，她的数学考了99分。

孩子学写作文的时候，很多父母都让孩子读范文，拿孩子的作文和范文比，结果越比孩子越没信心。那些范文，别说孩子了，做父母的有几个写得出来？

孩子的作文再差，总会有一个句子写得好吧？婷婷的爸爸就用红笔把婷婷作文中写得好的句子画下来，吃饭的时候，让婷婷当着全家人的面朗读，爸爸妈妈一起为她欢呼。

慢慢地，一句变成两句，两句变成三句，婷婷越来越爱写，这样能写不出好作文吗？

在这种充满激励的环境中，婷婷的学习兴趣越来越浓厚，各方面都有了飞速的发展。

对孩子而言，大人的鼓励和肯定具有特别重要的意义。它不仅具有培养孩子自信心的功能，还能让孩子培养起对生活、学习的热爱。婷婷的爸爸就是不停地鼓励自己的女儿，让她感受到生活的快乐。

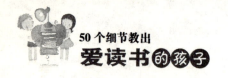

婷婷的爸爸身上其他肌肉不发达,唯有大拇指的肌肉很发达。婷婷从小到大,只要在爸爸身边,爸爸的大拇指总要晃来晃去。

不同的手指有不同的含义。有的父母在教育孩子时,总用手指指着孩子的脑袋:"你这个小傻瓜,咋这么笨啊?"

婷婷的爸爸对婷婷使用最多的手势就是竖大拇指,在婷婷心中,大拇指就是"你真棒"、"你真行"的意思,这就是一道射进孩子心灵的金色的阳光。

学会赏识孩子,我们给父母们的建议是:

1.要热爱孩子

孩子只有感受到家长的爱,才能保持轻松愉快的心境。避免让孩子感到自卑,使他能沐浴在爱的阳光中健康成长。

2.帮助孩子正确认识自己

孩子的自我概念刚刚萌发,尚不清晰,往往要通过别人的评价来认识自己。因此,对缺乏自信心的孩子,家长要鼓励他们大胆地说出自己的想法,有进步就及时表扬。这样孩子就会自觉不自觉地重新认识自己的能力和价值,增强自信,从而引发其潜在的积极性。

3.理解、宽容、尊重孩子

孩子是一个独立的生命个体,施教者应顺从孩子的天赋和兴趣。对待孩子的错误,施教者要动之以情,晓之以理,耐心开导。当孩子遇到挫折和失败时,在精神上给予引导和支持,并引导孩子战胜困难。

4.多给孩子提供实践的机会

孩子的自信心是随着体验次数的增加而逐步增强的。因此,凡是孩子力所能及的事,都应放手让他们去做。如:自己制作读书卡片,自己包书皮,自己装书包等。在孩子遇到困难时,大人不要急于帮助,应要求孩子自己想办法克服困难,或引导他们解决问题。

5.永远对孩子充满信心

家长往往对孩子的成功给予极大的关注,但当孩子遇到困难挫折时,更需要家长的安慰和鼓励。一方面,此时孩子容易自我怀疑,家长对他的信任会加强他的自信。另一方面,孩子的失败在所难免,此刻千万不要对他们进行否定性的评价或惩罚。只有接受孩子的失败,并帮助他们总结经验教训,孩子才有机会不断获得信心。

6.注意保护孩子认定的长处

每个孩子都会有被别人评价较高的方面,他们自己也往往将之视作比别人好的地方。孩子的自信心在很大程度上就是建立在自己"长处"的基础上。如果不注意保护孩子自己认定的这些长处,甚至轻易地加以否定,那么就有可能从根本上动摇孩子的自信心。因此,家长要注意保护孩子自己认定的长处,保护他们的自信心。

7.常常鼓励孩子

这样可以使孩子增加信心,知道自己的进步。父母不要吝啬赞美之词。当孩子取得进步时,父母要表示真诚的祝贺。有时不一定非用语言不可,有时父母一个会心的微笑,一个喜悦的眼神就够了。

8.给孩子找感觉,尝甜头

孩子在顺境时需要鼓励,在逆境时更需要鼓励。当孩子认为自己不行的时候,父母要想方设法让孩子找到自己行的感觉。

50个细节教出
爱读书的孩子

细节 ⑬

呵护孩子的好奇心，鼓励孩子在满足好奇的过程中获取知识

教育心得：

孩子喜欢问为什么，就是渴望得到知识，就是渴望读书的前奏和萌芽。家长应注意倾听孩子的问题、想法，尊重孩子的观点，积极引导孩子的好奇心，培养孩子独立思考、到书籍中寻找智慧的能力。

孩子常常会指着那些新奇的东西，问这是什么，那又是什么，为什么会这样……这些让他们表现出极大兴趣的新奇事物，很有可能就是我们习以为常的东西。

我们可不能小看孩子们的这些奇思怪想，这中间往往蕴藏着不可估量的潜能。研究发现，孩子所有的动力原型都是对知识的新鲜感，即好奇心。好奇心是人获得智慧的关键。保护孩子的好奇心，就是保护孩子的未来。

世界上第一架飞机的发明者莱特兄弟，小时候是一对富有好奇心的孩子。有一次，兄弟俩在大树底下玩，两人产生了爬上树去摘月亮的想法。结果，当然不仅没有摘到月亮，反而把衣服都刮破了。他们的父亲见此情况，不仅没有责骂他们，而且还耐心地开导他们。

在父亲的引导下，兄弟俩日日夜夜为制作能骑着飞上天的"大鸟"而努力。这期间，父亲不失时机地买了一架酷似直升机的玩具送给他俩，这更加激发了他们对制造升空装置的浓厚兴趣。他俩不断地查找关于飞行方面的书籍，学习升空技术

方面的知识,翻阅了大量有关飞行的资料。在父亲的鼓励下,经过多次试验,兄弟俩终于发明了世界上第一架飞机。

不言而喻,书籍对人类的作用是巨大的。孩子的好奇心,能够很好地激发孩子的读书欲望和热情。著名教育家陈鹤琴曾说过:"好奇动作是小孩子得到知识一个最紧要的门径。"

每个孩子的父母都希望自己的孩子是个热爱读书的孩子。现在很多父母埋怨自己的孩子不喜欢读书,而实际上很多孩子读书的欲望正是被父母扼杀的。比如有些孩子常常缠着父母问"为什么",父母对此不耐烦甚至恼火,对孩子往往不予理睬或者训斥。其实,孩子喜欢问为什么,就是渴望得到知识,就是渴望读书的前奏和萌芽,许多这样的萌芽就是在父母的不理睬或训斥中枯萎了。我们应该像莱特兄弟的父亲那样,注意倾听孩子的问题、想法,尊重孩子的观点,积极地引导孩子的好奇心,培养孩子独立思考、到书籍中寻找智慧的能力。这样,孩子就能在不断地发现和思考中增强创新能力。

珍惜孩子的求知欲吧,耐心给孩子讲解问题的来龙去脉,选择些有趣的故事,不厌其烦地给孩子讲,并告诉孩子这些有趣的知识和美好的故事都是从书上读来的,识字以后就可以自己读这些故事了,使孩子对读书有一种美好的向往。同时,家长还可以指导孩子看一些图画书籍,逐渐引导、鼓励孩子自己去读书。

强烈的好奇心能使孩子产生读书的兴趣。孩子只有对读书产生了兴趣,才能从读书中体验到快乐,才会热爱读书,并主动读书。

诺贝尔物理学奖得主、美国加州理工学院物理系教授查德·费曼天生好奇,自称为"科学顽童"。他十一二岁就在家里设立了自己的实验室。在那里自己做马达、光电管这些小玩意儿,还用显微镜观察各种有趣的动植物。当他到普林斯顿大学读研究生的时候,他仍然保持着这样的好奇心。

他还在其著作《别闹了，费曼先生》一书中讲述了自己在读研究生时发生的一件事。为了弄清蚂蚁是怎样找到食物，又是如何互相通报食物在哪里的，他着手做了一系列实验，如放些糖在某个地方，看蚂蚁需要多少时间才能找到，找到之后又如何让同伴知晓；用彩色笔跟踪画出蚂蚁爬行的路线，看究竟是直的还是弯的。正是这些实验使他知道蚂蚁是嗅着同伴的气味回家的。

由此可见，费曼先生在物理领域取得的巨大成就与他强烈的好奇心不无关系。父母要想使自己的孩子也对学习和读书产生兴趣，就应该保护孩子的好奇心，鼓励他们在满足好奇的过程中获取知识。

好奇心是孩子的天性，是值得父母珍惜的。当孩子对新奇的事物提出问题时，我们要认真地倾听并加以引导，尽可能地让他自己寻找答案。

父母怎样做才是真正珍惜孩子的好奇心呢？我们的建议是：

鼓励孩子细心观察生活，大胆地提出问题。日常生活中，有许多新奇的事物吸引着孩子。父母可以培养孩子从小事、小细节中受到启发，引发更深层次的思考，并鼓励孩子勇于发现问题。

时常和孩子讨论问题，尊重孩子的观点。父母可以在与孩子闲谈的过程中，把闲谈深入一步，转为对某一问题的讨论。讨论的话题应该是孩子感兴趣的。在讨论时，不能把自己的观点强加给孩子，毕竟，孩子也有自己的想法，有自己的思维方式。

让孩子自己探索问题。有的父母只是注意丰富孩子的知识，不厌其烦地回答孩子提出的问题，这样一来，就会使孩子不能很好地开动脑筋、积极思考。父母应该鼓励孩子开动脑筋，认真思考，查阅相关书籍和资料，自己寻找问题的答案。

经常与孩子一起参加户外活动。父母可以和孩子多逛逛游乐园、动物园等，户外活动更容易引发孩子的好奇心，是培养孩子创造精神的好环境。

人的天性——好奇心是兴趣的源泉,正因为如此,人们才带有感情色彩地积极地去探究某种事物和活动,人们才会产生揭示自然和人类奥秘的强烈欲望。

兴趣是爱读书的重要基础。孩子一接触到自己感兴趣的内容,态度就积极,心情就愉快,思维就活跃。苏霍姆林斯基说:"他们带着一种高涨的、激动的情绪从事学习和思考,对面前展示的真理感到惊奇甚至震惊;孩子在学习中意识和感觉到自己的智慧力量,体验到创造的欢乐,为人的智慧和意志的伟大而感到骄傲。"

在现代社会中,一个人现在做什么,将来做什么,与兴趣有很大的关系。特别是当一个人的某方面兴趣与他的志向结合起来时,也就是说兴趣与他的理想、目标结合起来时,就形成了志趣。这时的兴趣会对他的未来发展起到全面的准备作用。

父母亲要深刻理解兴趣的普通却神奇的来源——好奇心,要小心呵护这个虽细微,将来却可能创造令人欣喜的成功的小精灵。

细节 14

和孩子一起读书，
引导孩子在书中寻找乐趣

教育心得：

　　研究显示，年过 5
岁的孩子对阅读的兴趣
明显降低，尤其是男孩
子。父母可以给孩子提
供良好的氛围，也可以
将读书与游戏结合起来
增加孩子的阅读兴趣。

　　英国专家在对家庭阅读活动跟踪调查后发现，年过 5 岁
的孩子对阅读的兴趣明显降低，尤其是男孩子。研究显示，英
国国内 13%超过 5 岁的孩子明确表示不喜欢读书。而全球范
围内，这个数字为 9%。对于这种情况，报告说，父母在家里多
储备一些书可以在一定程度上引起孩子读书的欲望，让他们
觉得读书是一件令人愉快的事情。父母还可以鼓励孩子多读
书，在书中寻找乐趣，这样孩子就可以通过读书提高自己的写
作能力，掌握更多的词汇，了解到更多的常识。最重要的是家
长们不要在孩子上学之后就放弃了对孩子读书兴趣的进一步
培养。许多学龄前儿童都是在父母讲述的美妙故事陪伴下进
入梦乡的。但孩子上学以后，父母往往就把给孩子读书讲故事
的任务交给了老师。

　　英国《每日邮报》援引英国国家文学联合会的报告说，其
实孩子上学后，父母仍应继续坚持给他们读书讲故事，这样做
对保持孩子的读书兴趣大有好处。

　　研究表明，在良好的阅读氛围中长大的孩子，比其他孩子

的阅读水平高出许多。联合会"鼓励家庭阅读"活动组织者斯特朗说:"坚持陪孩子读书,是父母可以给孩子的最好礼物之一。父母和孩子一起读书,还可以促进父母和孩子之间的交流。父母陪孩子读书比其他因素更能提高孩子的综合素质,比如父母本身良好的教育背景、社会地位等。"

研究人员提醒家长们说,他们的参与对培养孩子良好的阅读习惯很重要,而这个重要性不会因孩子开始上学而减弱。父母陪孩子阅读可以给他的一生留下美好、温馨的记忆。父母与孩子一起读书,在教育上称为亲子阅读。为了培养孩子对读书持续长久的兴趣,家长应拿出更多的时间和精力来思考如何才能让孩子的读书兴趣始终保持在一个较高的水平。要做到这点就不能把"亲子阅读"维持在仅仅陪着孩子阅读上,而要更多地参与到孩子实际的阅读中去,与孩子产生互动,如此才能使阅读显得不枯燥和艰苦。那么,家长怎样做才能保持孩子的读书兴趣呢?

在父母给孩子讲故事之前,首先自己要大致浏览一遍,主要是考虑如何根据孩子的年龄和接受程度讲解。如:小一点的孩子能理解故事的内容了,但他能表达的不多,家长只能向他提问一些比较简单的问题。大些的孩子情况就完全不一样了,他不但能很好地理解故事的内容,还可以复述故事,回答各种各样的问题。所以,给孩子讲故事之前,家长就要像老师备课那样,做一些准备。这样,讲解的时候,才能有的放矢,取得比较好的效果。

在讲故事的时候,家长可以穿插提问,这是非常重要的一点。提问首先是帮助孩子更好地理解故事,同时可以培养孩子积极主动的学习精神,发展孩子的智力。比如在翻开新的一页的时候,就可以先个讲,让孩子自己看画,说说画上都有什么,是什么意思,孩子要回答这些问题,就要注意观察,要动脑筋想。又比如,故事快要讲完的时候,家长先不讲下去,让孩子想,故事会怎么样结尾,这不是又培养了孩子的想象力吗?幼儿的好奇心强,他们会边听边问"为什么"、"怎么了",家长千万不能不耐烦,要耐心细致地解释

和回答,回答要真实,使孩子既学到知识,同时好奇心又得到满足。

游戏是孩子最爱玩的,如果我们把读书和游戏结合起来,就能大大增强孩子阅读的兴趣。很多图画故事都可以用来表演,方式可以多种多样。一种是孩子一个人表演,可以把故事中的人物画在一张张卡片上,也可以把卡片贴在一块块积木上,还可以把人物做成一个个纸偶套在手指上,孩子一个人表演几个人物,一边说台词,一边摆弄人物。另一种是孩子和爸爸妈妈一块儿表演,每人扮演一个或几个角色,还可以简单地化妆,戴个头套或戴个面具等。

当家长和孩子共同看完一本书时,要鼓励孩子用自己的语言把它讲出来,这样就发挥了孩子的语言表达能力,同时,当孩子发现他把书上的东西再讲给别人听,别人很感兴趣时,孩子会很兴奋和自豪,便由此产生更大的阅读兴趣。

细节 ⑮

以趣引读,读中生趣

教育心得:

父母诱导孩子读书的一个诀窍在于细水长流,不断给孩子以新的刺激,不断吊孩子的胃口。一次阅读不要太长时间,不要一次给他太多书。

萨特是法国当代著名作家、哲学家,存在主义文学的创始人。他小时候经常看到外祖父在闲着的时候,总是一个人待在他自己的书房里,这使小萨特对外祖父的书房产生了极大的兴趣。有一次他看到外祖父进了书房待了很长时间,于是他也很好奇地来到书房中，问：

"外公，你在这里干什么呢？"

"我在和朋友交谈呢。"外祖父看到小萨特进来，笑着说。

"你的朋友们在哪儿呀？这里除了你没有别人啊？"萨特奇怪地说道。

"噢，朋友们多着呢，你瞧，他们在书里呢。"外祖父指着一摞一摞的书说。

"在书里？"小萨特看着满屋子的书充满了好奇，"他们在说什么呀？"

"他们给我讲了很多有趣的故事，你想听吗？"

"当然了。"小萨特高兴地说。

于是外祖父就翻开一本书，给小萨特讲了一个神话故事，小萨特听得入了迷，讲完了，还缠着外祖父继续给他讲。

外祖父说："孩子，这里有趣的故事太多了，讲一年也讲不完的。今天就讲到这里吧，我还要去上课呢。你要想知道更多有趣的故事，你就自己去学识字，然后就可以自己去看了。"

以后小萨特经常到外祖父的书房来，那里面到处都是书，有的书因为很久都没有人去动而落满了灰尘。虽然小萨特还认识不了多少字，也不明白这些书是说什么的，但他却十分喜爱那些像沉重的砖头一样的东西。很快这里成了他经常来的地方，那些古老而伟大的著作包围着他，让他在这里自得其乐，他知道自己已经走进了一个知识的世界。

有好几次小萨特看到年迈的外祖父，就像是个司仪牧师，拿那些书时动作非常灵巧。他经常看到外祖父悠然自得地从椅子上站起来，转身走进房间，随意地取下一本书，好像一点也用不着思考和挑选似的，接着他一边走一边用食指和拇指迅速地翻着书页。然后又坐回到他的那张椅子上，不一会儿他就准确地翻到了他所要读的那一页。书页不断地在他的手中发出清脆的响声。外祖父这一连串的动作，让小萨特觉得他仿佛是在进行一种特别的仪式。

这样的仪式让萨特看得很入迷，有很多次，他慢慢地靠近那些像神秘盒子一样的书，伸出小手去轻轻地抚摸它们，他非常想知道它们上面写的究竟是什么东西。

母亲看到了这一切很高兴，专门为小萨特买了许多适合他阅读的书籍，这样小萨特就从此开始和书籍打上交道了。萨特后来成为了法国著名的大作家，可以说他辉煌的生命是在书籍中开始，最终也是在书籍中结束的。而他一生这种与书籍难解的缘分，就是外祖父那种引导式的读书教育方式缔造的。

这个例子说明了孩子的兴趣逼是逼不出来的，要讲求一定的技巧。孩子读书也是共通的道理，把孩子内心的原动力引导出来，有了原动力，孩子自然就会主动地去找书来读了，这样，家长才能够事半功倍。兴趣是最好的老师，开始时，我们可以通过讲故事的形式，把孩子吸引到书本当中来。如讲童话故事、神话传说、中外名人故事，尝试在绘声绘色地讲到关键处时就戛然而止，然后向孩子推荐合适的读物。这时孩子急于了解故事的下文，很容易产生读书的兴趣。当孩子读完以后，还可以请孩子讲讲故事的内容并加以鼓励，进一步强化孩子的这种兴趣。以趣引读，读中生趣，对培养孩子阅读的兴趣，确是一个好方法。读书兴趣的引导是一个长期的过程，不可能是一朝一夕形成的，父母诱导孩子读书的一个诀窍在于细水长流，不断给孩子以新的刺激，不断吊孩子的胃口。一次阅读不要太长时间，不要一次给他太多书。

磊磊到三年级时，有一段时间着迷于《红气球的故事》，三天两头往超市跑，就是为了站在书架前看一会儿，临走时再买一本。这样陆陆续续地，全套几十本他几乎都看完了。磊磊的妈妈之所以不一次把全套书都买回来让他在家慢慢看，就是为了保持他那种饥渴感。大人往往也是这样，买不起书的时候，到处找书看，如饥似渴。等真的有了满书架的书，其实没几本是认真看了的。到三年级下学期，已经是期末复习了，有一天，在上学的路上，磊磊的爸爸和他聊起青霉素的发现，他觉得很有趣。爸爸告诉他家里就有一套科技发明的故事，回去可以找出来读。下午放学回家，他果然迫不及待找出这套书，找到青霉素那篇，一口气看了半天，全神贯注。那天他本来还有很多要复习的内容，还有很多作业要做，但爸爸没有催他做作业，而是让他安静地看书。因为这在他是一次阅读的飞跃，十分难能可贵。

引导孩子的阅读兴趣，就是要在平时的一点一滴中体现阅读的重要性，让他从内心喜欢阅读，有阅读的欲望，从而主动去读。还有一个例子是一位加拿大华侨教自己的两个孩子读书的切身体会：

很多人问我："你两个儿子都那么会读书，怎么教的呀?"我说，一个字：诱。两个儿子的小学是在多伦多上的。从学前班开始，他们就从学校一天带一本书回来。那时无论工作有多忙，事情有多多，我都会教他们读或跟他们一起读。有时累极了，就躺在两人中间，给他们念。念着念着睡着了，他们便推我一把，说："然后呢?"日复一日，年复一年，问题一个接一个，读书、查找答案也就成了习以为常的事情。到了周末，我便上图书馆，抱一大堆书回家。并不要求他们每本都看，喜欢的看；不喜欢的，还回去再找新的。反正图书馆有的是书。大了，两人都挑剔了许多，不是新书不看，不感兴趣的不看，太厚的不看。再加上游戏机、电脑、网络、电视，有时要他们读书简直就是打仗了。真怀念那个叫儿子干什么他们就会干什么的时代，大了就麻烦多多。我还是每星期都给他们推荐一两本书看，可越来越觉得现在给孩子找书真不容易，有时很费心思。有一次找到一本有点年纪的书拿给大儿子，他不屑一顾地："这么旧?"我不死心，坐在他旁边自己看起来。看到好玩的地方，马上讲给他听或指给他看。终于，他跳起来把书夺过去自己去看了。知道他们喜欢某本书的时候，我也会立刻趁机叫他们把该作者所有的作品都找来看。这一招还挺有效。

每一次别人上我们家来，都要感叹我们的书多。这点倒是不假，家里的

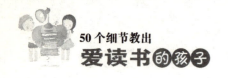

墙大部分都给书占领了。尤其这两年,添了很多英文作品。儿子从学校拿来暑假读书单,上面的书大部分都能在我们的书架上找到。这样一来,至少他们没了"没书看"的理由。看他们没事干,我就拿着崭新的书在他们面前晃两晃,一来二去的他们也就上钩了。这里的书都不便宜,令很多人望书却步。这点我倒是想得开:种瓜得瓜,种豆得豆。再说,千金散尽还复来。钱投资在房子上,将来儿子不愁没地方住;投资在书上,没准将来儿子学有所成,买栋大房子给我住,岂不更美?儿子自己也喜欢买书,尤其是小的,看到喜欢的就一定得买回家来。问他为什么,他说:"我看完了还会再看的。"也就随他去了。倒是真的,有些书他已经看了不下4遍了。碰到真正的好书,我们便会在吃完晚饭后,4人齐坐桌旁,一人念一段,或由其中一人开讲。遇到难懂的地方就上网查一查。说起来现在看书比以前真是容易多了。经典的作品在网上都能找到详尽的注解。有时晚上一起散步,提起某个诗人,回来马上找出来,拷贝一下,一人一份,大家一起看。儿子觉得好的书也会讲给我们听,找出来给我们看。

年年岁岁,多少东西都随风而去了,好像也就只有儿子的长高长大可以见得到、摸得着。刚过13岁的小儿子所写的作品,竟然得到了许多人的赞赏,叫我怎能不骄傲?!不过这一切,都得归功于那个"诱"字呢。

上面的例子说明了"磨刀不误砍柴工",即使在引导孩子读书的过程中多费一点时间、多费一点心思也是十分必要的。在此为您推荐几条引导孩子读书的技巧,希望能为您提供一些帮助。

技巧一:精心为孩子选购一些适合孩子年龄和兴趣的书,很小的孩子可以选择漂亮的简单物品画册,如动、植物画册,或小汽车画册;5~6岁的孩子可以阅读一些有故事情节的画册了,这时可以选一些儿童故事和民间故事画册;上学以后的孩子就要逐渐阅读文字多于图画的书籍了。

技巧二:每一次给孩子的书不要太多,否则孩子就会浮光掠影地看图画,会东一本西一本地看,不利于养成从书本中获取有用知识的好习惯。应该每一次只给孩子一本书,使孩子每次都有新鲜感,能够从中学到东西,更重要的是能使他养成认真看书的好习惯。

技巧三:全家一起看书半小时。读书要有氛围,如果大家都在读书,孩子一个人也不会安心于独自玩耍;如果家庭没有读书氛围,而孩子本身也不是学习要求极为强烈、自控能力极强的话,孩子肯定难于安心读书。选取一个合适的时间,全家人一起读书半小时,孩子会大大提高学习的兴趣。

技巧四:帮助父母整理书报。一方面让孩子感受到父母也在用功学习,另一方面在做整理工作的同时,孩子也粗略地了解了书报内容,学会了如何收集资料。

技巧五:有意无意地带着孩子经常逛书店,先从孩子感兴趣的漫画书柜台开始,逐渐到不同书籍的柜台前,通过翻阅、浏览,虽然一次并不一定能学到什么、获得什么,但长期坚持下来,就给孩子制造了一个读书的氛围和习惯,让孩子自然地接受书本。

技巧六:为别人寻找"病症"。问问孩子,他的某某同学为何不喜欢读书?因为谈的是孩子的同学,孩子便能畅所欲言。从心理学的角度来讲,这是一种"投射技术",就是不自觉地把自己的态度、情绪、愿望等投射于环境或他人身上,通过孩子对同学情况的分析,家长就能了解孩子不喜欢读书的原因,从而对症下药;而孩子通过分析别人的"病症"也提醒了自己。

细节 16

营造良好的读书环境，
让孩子在轻松愉悦的环境中阅读

教育心得：

　　要想提高孩子的阅读能力，就要努力为孩子创设一个良好的阅读环境，可以为孩子准备一个书房，里面摆放一个书架，放置孩子喜欢看的书籍，让孩子自由地阅读喜欢的书籍。

　　如何激发孩子的阅读兴趣，培养孩子良好的阅读习惯，这似乎是令不少年轻父母头疼的事情。许多父母抱怨孩子贪玩，图书对他好像没什么吸引力。其实，孩子的阅读习惯与父母的教育方法和环境影响有着很大的关系。可以这么说，在培养孩子阅读兴趣的过程中，环境的影响起到了很重要的作用。因此，家长应用读书环境激发孩子的阅读兴趣。那么，如何营造良好的阅读环境呢？

1.创造读书的物质环境

　　其实，只要有一定的环境和条件，孩子是喜欢读书的。请家长根据家庭的居住条件和经济情况给孩子创设较好的读书条件。如：安静的房间、桌椅、书橱、书籍等。在阅读环境上，要舒适、愉悦。这样会使孩子产生积极愉快的情绪体验。

　　在家中可以空出一个专门让孩子看书的小地方，这个地方可以在一个安静的小角落，例如：书房、卧室内等。在这个角落里为孩子放上一个和孩子身高相应的小书架，摆上孩子自己的图书，例如童话传说、儿童画报、名著等。让孩子自由选择感兴趣的书，自由地享受阅读的乐趣。一旦有了自己的书架，孩

子就会愿意在自己的书架下停留更长的时间。能够拥有自己藏书的孩子在以后有可能成为一辈子热爱图书的人。

桌子上面铺上桌布,放置一盆盆栽或地上铺上软垫,放几个小抱枕,墙四周贴上与书本内容相关的图片、放置相关玩偶,借此来吸引小孩。

家长可以和孩子一起讨论要如何布置,并且一起把它布置完成。小孩自己在看书时,也会觉得很愉悦,因为那是自己所布置的,也是自己想要的读书环境。

将书籍摆放整齐,易于取阅。为了让孩子更容易找到想看的书或将书本归回原位,可以用颜色将书籍分类,例如:红色代表科学类、黄色代表语文类……

2.营造良好的阅读气氛

父母不妨经常在家看书读报,让孩子觉得阅读一定是一件很有趣的事情,他也会模仿父母,一会儿翻翻这本,一会儿翻翻那本,慢慢地书籍会成为孩子最好的朋友。爸爸妈妈不妨采用一下亲子共读的方式,经常与孩子在一起交流阅读的方法,多变换阅读的形式,鼓励孩子把书中的故事情节进行简单的表演,然后和爸爸妈妈共同分析、讨论,这样,孩子的阅读兴趣就会变得越来越浓。

父母要经常在孩子的"书房"里指导孩子读书、学习,或与孩子一起读书,耐心倾听孩子谈书中他认为有趣的内容,与孩子交流读书体会,使孩子经常体验到"书房"的温暖,对"书房"产生亲切感、依恋感。在平常谈话中,可以有意无意地讲一些伟人读书的故事。要经常带孩子逛书店,只要家庭经济条件允许,应尽量满足孩子购书的愿望,但购书时要根据孩子的阅读能力、兴趣和书本内容慎重选择。不要一口气购买大量的书回家,这样反而会使他们不知道先看哪一本好,或者每一本都匆匆翻过,急着看下一本,无法细细体味读书的乐趣,从而减低对书籍的兴趣。父母应该要求孩子买来的

书一定要看,否则就不能再买。

3.鼓励孩子的阅读行为

在孩子的眼里,书就像玩具,翻书就是游戏。即使孩子拿倒了书或撕破了书,父母也不应责怪孩子。当孩子对阅读有些厌倦时,父母不妨和孩子一起做做照片书、生活书,既增进了亲子感情,又让孩子对这些书爱不释手。建议爸爸妈妈不要对孩子的阅读过程管得太死,只要是孩子愿意把一本书拿在手上津津有味地翻看,家长就应该感到心满意足了。因为这类表现完全符合孩子的早期阅读心理,是孩子在阅读求知的道路上迈开重要一步的标志。

4.耐心回答孩子提出的问题

年龄稍大的孩子总喜欢问为什么。爸爸妈妈要支持孩子,回应孩子的每一个问题。对于孩子的回应,给予正面嘉奖。有时,父母可能觉得很烦,请耐住性子。建议父母回答孩子问题时不宜讲得太深,要考虑孩子的年龄特点。更不能随意敷衍他们,给孩子错误的信息。这时爸爸妈妈要抓住时机,不妨带着孩子去书中找答案,在寻求答案的过程中,让孩子渐渐学习解决问题的方法。

哲学家波普尔的父母非常注重环境对孩子的影响。在波普尔的家里,除了餐厅外,其他地方几乎全是书。在那间特大的藏书室里,放满了弗洛伊德、柏拉图、培根、笛卡尔、斯宾诺莎、康德和叔本华等名家的上万册著作。

波普尔后来回忆道,在他还未能读懂父亲的这些藏书前,它们就已经成了他生活的一部分。波普尔说,给他童年影响最大的一本书就是母亲读给他两个姐姐听的瑞典作家赛尔玛的《尼尔斯骑鹅历险记》。在以后的许多年里,波普尔每年至少要重读一遍这本书,随着时间的推移,他不止一遍地通读了这位伟大作家的全部作品。

因此,父母应该为孩子提供一个良好的读书环境,给孩子提供一些他

喜欢的、高趣味性的阅读材料,这样可以放宽孩子的阅读范围,让孩子自由地阅读自己喜欢的内容,自由地发挥他的阅读天性,从而爱上阅读。

5.一起玩耍的小伙伴也很重要

姗姗真正开始自己独立阅读,是在二年级的暑假。当时她的好朋友阳阳来家里玩,姗姗的父母送了他一套《古鲁当家》。这套儿童理财漫画全是非常有趣的故事,针对的是小学高年级的孩子,一直放在家里,姗姗也没动过。阳阳拿回家后,一口气读完了,喜欢得不得了,经常在姗姗面前讲起里面的情节,眉飞色舞,笑翻了天。姗姗一下就被吊起了胃口。后来,姗姗也把家中收藏的另一套翻出来看,这一看就入了迷,一口气把两辑共 6 本全部读完了。两个孩子再碰面的时候,《古鲁当家》成了他们的话题,他们用书里的话开玩笑,互相比着讲书里的内容,这样,姗姗又翻来覆去地看了好几遍,几乎可以倒背如流了。从此以后,阅读的心理障碍被打破,阅读渐渐成为一种乐趣。

很多时候,大人的教导是无力的,孩子们相互间的影响比大人对他的影响更大、更直接。近朱者赤,近墨者黑,对孩子来说更是如此,孩子们能彼此给予快乐和力量,他们之间的相互学习,也是人生经验的重要部分。因而一起玩耍的小伙伴对激发孩子的读书兴趣也是一件很重要的事。

细节 17

培养孩子的读书兴趣分三个阶段

教育心得：

父母应该根据自身的特长培养孩子童年时的阅读兴趣和阅读能力。

每个家长都有他独特的教子读书的方法和经验，下面就是一位父亲教育孩子读书的亲身经历，不知您能否在其中找到一些共鸣呢！

作为父母，能在孩子的童年为他培养起阅读兴趣和阅读能力，是对孩子的一笔馈赠。我 11 岁的孩子最大的爱好就是读书。以下是我培养我的孩子读书的经验。

1.启蒙阶段

(1)从生活中识字

汉字是砖，句子是砖砌成的墙，文章是建好的大厦，所以阅读始于识字，阅读包括识字。心理研究表明，0~3 岁是培养儿童对于阅读兴趣的关键阶段。因此我非常重视孩子的早期阅读启蒙。

我本来计划等他会说一些词汇的时候再教他认字的，但我还是抱着试一试的想法提前实施识字计划。在孩子 10 个月的时候，我开始和他玩起字来，我把汉字做成识字卡，叫他把我指定的汉字所代表的物品递给我："宝宝，爸爸要吃'香蕉'。""爸爸要'笔'写字，把'笔'给我。"他非常高兴地递给我。"这是'妈妈'，宝宝想妈妈了吧，来，抱'妈妈'。"他欣喜地把

"妈妈"的卡片抱在胸前。原来，婴儿识字并不像想象中那么难，其实想想也容易理解，汉字本来就是一种象形符号，当我们把汉字当做一种图形时，与画有什么区别呢?把字当做图画来认是可行的。

但有一点要强调，我不是去买现成的识字卡，而是自己做卡，因为买来的识字卡总是把识字和认图联系在一起，这样反而容易因为物品图形的色彩鲜艳、形状各异而喧宾夺主，导致孩子认图而不认字。毕竟汉字比起图形来单调枯燥得多，这就可以解释为什么许多父母买来了识字卡，孩子却不肯认字的原因了。

那时，他还不会说话，我就把与他生活中密切相关的汉字全部用彩色笔写在一张大纸上，并挂在墙上教他认几遍。为了巩固，就叫他要什么东西时就去指。比如，他要喝水，就会叫我们抱他过去，去指"水"字，这样，我们既可以知道他的所需所求，又让他同遗忘作了斗争，巩固了所学的汉字。当然，我没有忘记不断重复"水"这个音，以便使他更快地学会说。随着他的成长，每当他说出一个新词汇时，我就大加表扬一番，并立即把它写在黑板上或墙纸上，这样既激发了他的语言表达欲，又达到了识字目的。此外，只要有汉字的地方，我都不放过机会教他认，如看广告牌、标语，认食品袋上的字等。总之，是把汉字渗透到他的日常生活中，把认字当做一项有趣的游戏。

(2)从书报中识字

学过的汉字如不巩固会很快遗忘的，这样容易前功尽弃。怎么和遗忘作斗争呢?我发现他很喜欢反复看电视广告，只要一播出他看过的广告，他就兴奋异常。我由此类推，如果把刚学过的汉字以某种方式多次呈现在他眼前，他也会很乐意去看的。果不出所料，当我拿出一本图书，要他把整本书中的"狗"字全都找出来时，他高兴极了:"爸爸，这里有'狗'!那里也有'狗'!"这种玩法美其名曰"找朋友"。一般家庭里都有扔得到处都是的报纸，

可以充分利用起来，我叫他从报纸的大小标题中找出如"大"、"小"、"好"、"日"之类的常用字(太小的字不方便孩子看,所以只看标题上的字)。这样,他掌握的汉字非常牢固,玩起来又觉得有趣。

在我断断续续的识字教育中,他爱上汉字就像爱上图画一样自然,并对汉字产生敏感和兴趣,一旦他对汉字产生敏感和爱好,那么对于汉字的载体——图画书也就会产生特有的爱好,这为下一步的阅读起到了非常重要的奠基作用。

2.亲子共读阶段

如果仅仅会认单个的字,放在句中却不知所云,或者连贯不起来整句的意思,那么即使认得再多,也不等于会阅读。所以没有必要等到孩子认了很多字以后再来阅读,那样既不易巩固旧字,接纳新字,也不利于尽早培养阅读能力。因此,要尽快引导孩子的认字兴趣到书上来,进入阅读状态。

孩子最初的阅读行为来自于父母朗读给他听,孩子的阅读兴趣也是从这儿开始的,可有些父母很不耐烦,不愿意反复给孩子读讲同一个故事。其实,孩子这种喜欢重复的心理特点,正好提供了巩固汉字、引导阅读的有利条件。孩子两岁半的时候,我每晚讲故事给他听。

第一步:先自己朗读几遍,目的是为了让他对故事的情节内容有个熟悉过程,接下来我再实施第二步就容易多了。朗读时尽量用原话,但也要看他的理解水平,如有的不能理解,就要概括成他能听懂的话来讲,然后再用原话朗读。

第二步:我用手指点着字,一字一句地朗读。朗读过程中,我常留心他的表情,当他对某个句段表现出高昂兴奋的情绪时,我就多重复几遍,以加深印象。如《小猫咪过生日》,他最爱听其中的 4 段儿歌,我就多指读几遍,并让他也跟着我一起朗读。

第三步:让他朗读或讲述给我听。在他几乎背下这 4 段儿歌的时候,再

叫他指读给我听,以熟字带动生字,半背诵半朗读,这样,儿歌中的字记住了,再扩展下去,整个故事基本就会读了。另外,还可以让他把故事重复讲述一遍,由我不断提问,引导他不断思考,或者和他一起续编故事。

在我朗读的过程中,注意到了表情的丰富,语气的轻重,语调的抑扬顿挫,如故作惊讶,有意夸张,情绪随故事情节而起落,有时配合一定的手势。过后,两人讨论故事中人物好坏,扮演故事中人物角色,模仿故事情节做游戏。这样,一开始就让他觉得阅读是一种乐趣和享受,这样的亲子共读,哪个孩子不喜欢呢?

3.独立阅读阶段

亲子阅读一直持续到孩子上小学一年级。等他一学完拼音,我就开始放手让他自己阅读了。

由于有了一定的识字量,又有拼音帮助,加之有最初的阅读能力做基础,阅读对于他来说已不成问题。然而从以前给他读到让他自己读,要有个自然的过渡,如果过渡不好,容易让孩子对阅读产生畏惧心理。开始,我像以前一样读故事给他听,讲到精彩处或一半时,我故意不讲,说睡觉时间到了,留到明天讲,书呢,就放到他床头,这样由于为故事情节所强烈吸引,他不由得自己翻书看起来。渐渐地,他能独立看书了。

然而拼音读物毕竟情节简单,内容单薄,语言儿童化、口语化,根据拼音阅读会影响阅读速度,容易分散注意力,以致抓不住主题思想内容。为了提高阅读速度,也为了提高思维,拓展视野,必须提供无拼音的篇幅较长、情节丰富的书籍。因此,二年级初,我开始为他提供无拼音书籍。阅读时,遇上不懂的生字,我让他放在句中去猜测,或者跳过去不管(这并不影响他对文意的理解),不要局限于个别的生字,而要进行整体阅读,宏观把握,而且尽量进行快速阅读。从有拼音阅读到无拼音阅读的过渡,是有一定难度的,因为受识字率所限,在这个关键过渡阶段,必须特别注意选择他感兴趣的

书籍,否则孩子会因有阅读困难而对阅读失去兴趣和信心。父母要善于抓住孩子生活中表现出来的兴趣倾向,投其所好,选择他喜欢读的书籍。我抓住他爱看幽默、逗人发笑的故事的特点,选择儿童笑话幽默及富有幽默色彩、妙趣横生的故事;针对儿童爱幻想的特点,推荐极富想象力、极度夸张的书籍。我之所以最先选择这两类故事,是因为在开始摆脱拼音阶段,这类浅显易懂而富娱乐性的书籍,容易让孩子在轻松愉快的故事氛围中得到乐趣和享受,也容易养成快速阅读习惯。当孩子从书中体验到愉悦感、轻松感时,再推荐诸如《一千零一夜》之类的民间故事、名著、童话小说等就容易多了。

　　我就是这样教孩子读书的。现在,我的孩子已经很自觉地爱上了读书,读书能力明显超过其他的同龄孩子。由于我对孩子的早期阅读的重视,现在我反而不用费很大力气去指导孩子读书了,真是事半功倍啊!

　　像这位家长一样,努力培养起孩子的阅读兴趣和能力,将来会使孩子在提高理解能力、写作水平,扩展知识视野,建立健康人格等方面终生受益。这算是家长给孩子一生最好的礼物吧。

第四章
讲究科学的方法和熟练的技巧，
才能提高读书的效率

　　教育学认为，人类学习的过程，就是了解前人已经获得的经验和规律的特殊认识过程，而学习最基本的方法就是读书。读书可以快捷地积累知识，可以提高分析问题和解决问题的能力，读书是不断走向发展创新的正确有效途径。因此，掌握科学的读书方法，对孩子来说是非常有必要的。

细节 18

记忆力是知识的仓库，
父母要培养孩子的记忆力

教育心得：

捷克著名教育家夸美纽斯说："假如我们能记得所曾读到、听到和我们心里所曾欣赏过的一切事物，随时可以应用，那时我们便会显得何等有学问啊！"可见，记忆力在阅读过程中有着多么重要的意义。

美国著名的心理学家品菲利德认为，记忆是"复现和辨认所学习或经历过的东西的一种能力"。19世纪俄国生理学家谢切诺夫说："人的一切智慧财富都是与记忆相联系着的，一切智慧生活的根源都在于记忆。"捷克著名教育家夸美纽斯说："假如我们能记得所曾读到、听到和我们心里所曾欣赏过的一切事物，随时可以应用，那时我们便会显得何等有学问啊！"由此可见，记忆力在阅读过程中有着多么重要的意义。

一个人的记忆力是非常惊人的。据有关资料记载，正常人脑的记忆储存容量高达10的12次方到10的13次方比特（一个信息量的单位叫比特）。美国麻省理工学院科学家的一份报告说："假如你始终好学不倦，那么，你脑子里一生储藏的各种知识，将相当于美国国会图书馆藏书的50倍。"据说，该图书馆现藏书1000多万册。这就是说，人脑的记忆容量相当于5亿本书籍的知识总量。而且人的记忆力还可以保持到70~80岁以上。

这说明，人脑的记忆容量几乎是无限的，是有很大潜力的。这就为汲取知识、指导实践提供了有力的支持。

记忆力是知识的仓库，记忆力在阅读能力中有着不可替代的作用，一个没有记忆力的人是什么事也干不成的，一个记忆力很差的人也绝不可能干出什么大事来。

人的记忆力不是天生的，而是通过后天培养的，因此，我们应自觉培养自己的记忆力。

1.记忆的基本过程

心理学认为，记忆的基本过程是：识记、保持、再认或再现。心理学关于记忆的研究已有了比较成熟的理论，并揭示出了识记、保持、再认或再现这种过程的基本规律，对于阅读具有直接的指导意义。

（1）识记

识记是指识别和记住事物的特点及其事物之间的联系，从而积累知识经验的过程。

识记是记忆过程的开始，没有识记，就没有记忆。所以它是记忆的前提，是记忆的基础。在阅读过程中，一切知识的记忆都是从识记开始的，它也是保持知识、重现知识的基础。无论是进行研究性阅读，或是进行欣赏性阅读，都离不开识记。

（2）保持

保持是指知识经验在识记后，以暂时神经联系的形式留存于脑中，暂时神经联系在一定的刺激下再活跃，知识经验就以再认或再现的形式恢复起来。暂时神经联系被抑制时，即产生遗忘现象。遗忘的不同程度，直接影响记忆保持的程度。保持是识记的巩固，又是再认或再现的保证。保持是整个记忆过程中的一个重要环节。要巩固知识经验，必须同遗忘作斗争，了解

与掌握遗忘的规律,采取相应的方法防止遗忘,可以增强记忆的保持。

(3)再认或再现

再认是指经验过的知识和事物再度呈现时仍能认识的过程。例如,我们通过书目索引去检索一篇自己曾经读过的文章;在试卷的选择题答案中选择出正确的答案等,这都是再认的表现。

再认过程中有不同的速度和确定性,体现在:对经验过的事物能立刻认识;对经验过的事物要经过复杂的联想才能再认;有时只有模糊之感;有时发生错认。

正确再认的条件是良好的识记。一是对原有事物的识记保持的程度越深,就越容易再认;二是当前呈现的事物与过去感知的事物十分相似;三是依靠各种线索,即事物的各个部分或各个方面、各种属性或各种特征,当人们再认某一事物的时候,根据某些线索可以唤起对原有事物的印象,从而再认出这一事物。在阅读中,我们应当注意创造再认的条件,特别是增加识记的事物相互联系的各种线索,以提高再认的效果。

再现是指对已掌握的知识能回想起来,已学会的动作能再实现和已经历的情感再体验的过程。再现的特征是:过去感知过的知识和事物并不在眼前,由于一定条件的诱发,我们在头脑中能重现这一知识和事物的印象。

再现的速度和准确性,决定于所掌握的知识经验是否概括成体系和是否经常应用。再现发生困难时,须进行追忆,追忆要通过意志努力,利用各种线索引起必要的联想,进行适当的推理,逐渐恢复遗忘了的知识经验。

综上所述,心理学认为记忆的基本过程包括识记、保持、再认或再现,这是密切联系的、互相制约的三个阶段。没有识记,就谈不上对过去经验的保持;没有识记和保持,就不可能对经验过的事物再认或再现。所以,识记是保持的前提和基础,保持是对识记的进一步加深和巩固,识记和保持是再认或再现的前提,再认或再现是识记、保持的结果、证明和显现,可以进一步加强识记和保持,并成为检查识记和保持的效果的手段。遗忘是整个记忆过程的对立面,遗忘对于无用信息来说,是具有积极意义的,有所遗忘才能有所记忆。

2.阅读记忆的分类

（1）瞬时记忆、短时记忆和长时记忆

当代信息加工论把记忆过程划分为瞬时记忆、短时记忆和长时记忆。这种理论认为,进入感知的信息首先进入瞬时记忆,而后可能转为短时记忆,最后转入长时记忆。

①瞬时记忆。瞬时记忆又称感觉性记忆,是指人对信息感知之后所产生的痕迹在脑的感觉区保留很短的时间,一瞬间就急速消失的记忆。斯伯林（C.Sperling）在 1960 年用实验证明,感知的信息首先进入瞬时记忆,它有鲜明的形象性;保持的时间短,大约为 0.25~2 秒;在瞬时记忆中的信息如果未受到注意或处理,它就很快消失。

总之,瞬时记忆是记忆过程的初级阶段,通过感官获得的信息首先在这个阶段中储存,但存量有限,时间短,若不经过注意和处理,就会很快消失。例如,看一个新的英语单词,若不有意记住它,只一瞬间就会遗忘。如果信息在这个阶段得到注意和加工,把那些连续的、先后到达的信息整合成新的、连续的、完整的印象,那么,短暂的瞬时记忆就可以转变为短时记忆。

②短时记忆。短时记忆是由瞬时记忆过渡而来的,比瞬时记忆保持时间稍长的记忆。在这一阶段,信息保留的时间仍然是短暂的,平均若干秒至 1 分钟。例如,读一个英语单词,读一遍,记住了,能复述一遍,但再读第二个单词时，往往便把第一个单词忘掉了，这种常见的现象便是短时记忆。可见,短时记忆除持续的时间与瞬时记忆有不同外,还有两点不同:短时记忆的内容是人充分意识到的，而瞬时记忆的内容是人不很充分意识到的。短时记忆能因人的多次反复练习而加强,如通过复述（默默背诵）,反复运用,

达到一定程度,则信息便会在短时记忆中作相应的循环,从而延长了信息在短时记忆中停留的时间,这样就使信息容易转入到长时记忆中。对短时记忆的材料能适当地处理加工,如适当地分组,赋予一定的意义或配以一定的直观形象,或编成押韵的歌谣,记忆的效果会显著地提高。

③长时记忆。长时记忆是由短时记忆过渡而来的。在长时记忆中的信息储存的时间范围极大,可以持继几分钟、几小时、几日、几个月、几年乃至终生不忘。长时记忆又可分为不同的级次,比短时记忆稍强的记忆痕迹所储存的长时记忆,仍然是容易被忘掉的,这种遗忘是由于先前的或后来的信息干扰所致;有的记忆痕迹经长年累月地应用,在脑海里保持很深的记忆痕迹,不容易遗忘,常可持续终生。这种长时记忆中储存的信息能随时被提取应用,如人对自己的名字、常用数字、文献的基本词语等即是如此。可见,长时记忆的巩固程度也是有不同的。

综上所述,记忆是分级的,记忆内容的储存是经过几个阶段完成的,各阶段记忆中信息储存的时间和遗忘的机理是不相同的。总的信息流中,只有很少的一部分信息能够达到长时记忆中。在阅读中,复习和反复运用知识是使短时记忆转入长时记忆的重要因素,而其中又有少量信息经过长年累月地反复运用,达到很深的记忆痕迹,不再会被遗忘,达到最稳定的程度。

(2)机械识记与意义识记

根据识记材料的性质和我们对材料的理解程度,可以把识记分为机械识记与意义识记。

①机械识记。机械识记是一种主要着眼于按阅读材料的前后顺序进行多次重复而记住事物的特点及其联系的过程。例如,有些阅读材料本身缺乏意义上的联系,如历史年代、河流长度、某地区的经度、纬度的各个数目字都无意义上的联系,在记忆时,除尽量利用外加的意义联系作为辅助手

段外,主要依靠机械重复。

②意义识记。意义识记是一种主要着眼于阅读材料内容本身,依靠对材料内容内在的理解,并尽可能同已有的知识经验融会贯通,从而记住事物的特点及内在联系的过程。有些阅读材料本身是有意义的,它们阐明客观事物的内在联系和外在联系,如科学定义、定律等,我们懂得了这些意义,在识记这些材料时,积极进行思维,找出材料本身的内在联系,找出新、旧知识之间的联系,在理解了材料意义的基础上去识记材料,这就是意义识记。

意义识记的作用体现在它能全面、迅速、精确而牢固地记忆知识和事物,效果十分显著。对于各门学科著作的阅读,要尽可能地应用意义识记,在理解意义的基础上去记忆,要克服那种读书不求甚解或死记硬背的做法。

意义识记与机械识记比较起来,有很大的优越性。心理学家艾宾浩斯的实验证明:识记 12 个无意义音节,平均需要复习 16.5 次,识记 36 个无意义音节,需要复习 54 次,而识记含有 480 个音节的六节诗,只需要 8 次就能背诵。

综上所述,机械识记与意义识记各有所长,它们在记忆过程中是密切相关、相辅相成的。在阅读中,应当把机械识记与意义识记结合起来,在进行机械识记时,尽可能把它意义化,有助于记忆效果的提高。如爱因斯坦把一个朋友的电话号码 24361 意化为两打加 19 平方,很快就记住了。在进行意义识记时,也要借助于机械识记。例如,有些材料本身是极有意义的,但是由于学习者的理解水平有限,一时还不能理解或充分理解其意义,如古典诗词、文章等,这时也需先运用机械识记把它们识记下来,以便在以后的学习过程中,随着知识、经验和认识水平的提高,再步步加深对材料意义的理解。一般说来,背诵便是机械识记与意义识记相互配合、共同促进的结

果。在阅读中,应以意义识记为主,以机械识记为辅,扬长避短,结合运用。

3.遗忘与记忆的关系

遗忘与记忆的关系是十分密切的,因此,要巩固知识经验的保持,必须克服遗忘。而要同遗忘作斗争,就必须了解与掌握遗忘的规律,并能采取相应的方法,防止遗忘,从而增强记忆的保持。

遗忘是指对于识记过的知识和事物,经过一段时间不能(或者是错误地)认知或回忆。遗忘就是保持的丧失。从生理上看,遗忘就是大脑皮层中建立起来的暂时神经联系的痕迹,由于抑制而全部或部分不能兴奋起来,其中有的知识经验的遗忘可能是暂时性的,它们在一定条件下还能恢复。

遗忘曲线是描绘遗忘速度的曲线,它表明遗忘变量和时间变量之间的关系,由德国著名心理学家艾宾浩斯创制。它表明了遗忘的一条规律:遗忘的进程是不均衡的;在识记后最初的一段时间内遗忘得比较快,而后逐渐变慢。在艾宾浩斯以后,许多人做了类似的实验,也都大体上证实了艾宾浩斯研究的结果。

根据遗忘的这一规律,我们为了防止遗忘,提高记忆效果,在学习遗忘曲线示意图之后应当及时复习,"趁热打铁"。同时要多次复习,随着记忆巩固程度的提高,复习次数可以逐渐减少,间隔的时间可以逐渐增长。例如,阅读 1 小时后便可以复习一下读过的内容,可使 50%以上的内容得以保持。然后 1 天复习 1 次,再以后可以 5 天、10 天、半个月、1 个月、3 个月以至半年复习 1 次。这样,经过及时复习和有间隔地多次复习,就可以达到长时记忆,而不容易被遗忘了。正如俄国教育家乌申斯基所说:"与其借助复习去恢复记忆,不如借助复习去防止遗忘。"在记忆活动中,应当去"巩固建筑物",而不要去"修补已经倒塌了的建筑物"。

值得指出的是,根据后来心理学家的研究,遗忘速度在很大程度上还决定于材料的性质和数量,遗忘曲线的形式也因之而不同。熟记有意义的材料,遗忘速度在最初较慢;在材料分量显著增加时,由于不易形成牢固联系,遗忘速度就先快后慢,而接近于无意义材料的遗忘曲线。例如,心理学实验证明,被试识记有意义的材料,经过 400 天之后,记忆仍保持 60%,而无意义的材料只保持 30%。根据这一遗忘规律,我们应当尽可能地去理解文献内容的意义,不要靠死记硬背去识记。

4.增强记忆的方法

人的记忆力的强弱与天赋有关,比如有的人大脑皮层的神经过程比较灵活,容易建立暂时神经联系,记忆力就较强;反之,记忆力就较弱。但是,人的记忆力的强弱主要在于后天的培养,在于阅读实践中掌握合理的记忆方法。

记忆方法是帮助人们更好地记忆知识经验的技巧。根据生理学、心理学、教育学等学科领域的研究,要增强记忆力,除了应当运用科学的思维方法、多种识记的方法以及运用遗忘规律、防止遗忘的方法之外,还应当充分利用记忆的条件,采用合理的记忆方法和技巧。关于记忆条件主要有:灵活的大脑、足够的睡眠、高度的注意、敏锐的观察、积极的思维、明确的动机、坚定的信心、浓厚的兴趣、积极的情绪、必要的松弛等。记忆方法是心理学、学习方法学、阅读学、记忆心理学等学科研究的重要内容。

古今中外许多阅读者在长期的阅读实践中积累了许多行之有效的方法,对于这些记忆方法,我们感到有必要加以分类,以利于进行阅读活动。

(1)根据不同的思维方式来记忆

按照记忆时不同的思维方式,可把记忆分为:形象记忆法、联想记忆法、推理记忆法、推算记忆法、比较记忆法、归类记忆法、系统记忆法等。

①形象记忆法。是指运用形象思维的方式,将需要记住的材料与形象联系起来进行记忆的方法。运用形象记忆法要根据文献的描述,展开想象,或根据材料表述的抽象内容进行联想,使要记的材料形成形象来加强记忆。此外,也可通过观察实物进行现场调查,得到与记忆材料相应的生动、

鲜明的印象,使记忆更加牢固。

②联想记忆法。是指利用事物之间的联系,通过联想进行回忆的方法。联想回忆法包括接近联想回忆法、类似联想回忆法、对立联想回忆法等。

③推理记忆法。是指利用已知的最基本的知识,推导出所需的材料的回忆方法。人们可以不必死记硬背所有的材料,只需记住主要的基础的知识,到应用时临时推导出来。这种方法适用于数学、物理、化学等学科知识的记忆。

④推算记忆法。是指用各种运算方法,从已经记住的数字,推算出需要记忆的数字的方法。这种方法适用于记历史年代。推算记忆法、逐年推算法,用于记忆每年发生的历史事件;等距离推算法,用于记忆每相距 10 年发生的事件;起讫推算法,如抗日战争共经历了 8 年,开始于 1937 年,结束于 1945 年。

⑤比较记忆法。是指通过比较思维的方法,认识事物之间的不同点和相同点进行有效记忆的方法。

⑥归类记忆法。是指把所学的知识加以整理,进行分类,使知识系统化、条理化和概括化的记忆方法。归类法的有意记忆效果明显高于不运用归类记忆法的有意记忆效果。运用归类记忆法要善于选择分类标准或依据,确定事物的本质属性和非本质属性,结合文献内容的性质和数量来进行分类,便能大大地提高记忆效果。

⑦系统记忆法。是指把所学的知识分门别类地加以整理,使之系统化的记忆方法。系统记忆法是在归类记忆法的基础上进一步发展的记忆方法,它强调把同类事物按一定顺序组合成有机的整体,把知识进行系统化的排列组合,遵循这个系统的内部秩序进行记忆并贯彻于始终。

系统记忆要求做到以下几点:一是要求循序渐进地学习;二是要求按照知识结构体系有计划地读书;三是要求把平时零散接受的知识及时地纳

入知识系统中;四是对识记材料要加强理解,理解各部分知识之间的关系。

(2)感官帮助记忆

按照感官对记忆的影响与作用,记忆可分为:多通道协同记忆法、朗读记忆法、笔记法。

①多通道协同记忆法。是指在学习和记忆过程中尽可能把自己的眼(看)、耳(听)、口(念)和手(写)都动员起来,协同识记的记忆方法。

现代记忆比率的实验研究也证明:多种感官并用,记忆效果阻率分别为 15%、40%、75%。这说明视听并用的记忆率,远远好于只听、只看。

②朗读记忆法。是指对需记忆的材料一遍一遍地出声朗读,直到读熟为止的记忆方法。

朗读能使肌肉运动,刺激大脑,使大脑保持紧张,使注意力集中到一点上,从而形成记忆。同时由于自己发出的声音与听到自己的声音这两种活动同时进行,两种器官同时运动,所以对大脑的刺激效果就能增强。

③笔记法。是指在阅读过程中,用笔记来加深对材料的理解,使印象深刻、记忆牢固的记忆方法。做读书笔记有助于储备和积累资料,有助理解和增强记忆,是弥补脑力不足的最有效的办法,它还有助于激发思考,启迪创造。读书笔记有摘录式笔记、索引式笔记、评注式笔记、批注式笔记等。

(3)重新组织记忆的材料

按照组织与处理记忆材料的方式,可把记忆分为提纲记忆法、网络记忆法、人为意义化记忆法、分段记忆法、韵语记忆法、缩略记忆法、自测记忆法、应用记忆法等。

①提纲记忆法。是指对阅读材料进行分析和综合,然后将其归纳成若干段落,并拟出提纲形式的记忆方法。提纲是对文献内容的高度概括,由于提纲挈领,因而不但便于记忆,而且便于寻找记忆的线索。

编得好的提纲具有以下特点:

直观性。提纲线条清晰,知识的纵横关系一目了然;

概括性。对知识内容进行了高度概括和压缩,并化繁为简;

条理性。突出了材料的层次,各层次关系清晰,主次分明,抓住了这些条理,在回忆时"按图索骥"就可以了。

②网络记忆法。是指通过分析材料所属的知识范畴,弄清识记材料与有关的其他材料之间的关系,把知识组合、编码,形成一种网络联系,借助这种网络联系增强记忆。编织记忆网络,首先要掌握识记材料各部分之间的关系,其结果可用图表来表示,使网络关系形象化。其次要把属于整体的各部分纳入一定的知识系统。再次要抓住知识的关键部分,用简化的方式加以表述。这个关键部分,就是知识网络上的重点,通过抓住关键把住网络,从而提纲挈领地记住材料。网络记忆法是大脑对信息储存的有效方法,它是通过掌握整体和部分知识的关系来完成的。

③人为意义化记忆法。人为意义化记忆法是把无意义联系的材料或抽象性的材料加以人为意义化的记忆方法。人为意义是对记忆对象的一种改造,将无意义的或抽象的材料运用机械识记,结合形象记忆法,记忆的效果会明显增强。人为意义化记忆法可运用以下方式:

寻找特点。如日本富士山最高峰为 12365 英尺,这是个无意义的数字,如果把它与"12 个月共 365 天"联系起来,就可以记住了。

采用谐音记忆。即对单调枯燥的学习材料进行谐音处理,以增强记忆。这种方法适用于处理零散的、枯燥的、简短而又无意义的材料。

④分段记忆法。是指将学习材料分为几个段落,记熟了一段后,再去记另一段的记忆方法。也有渐进分段记忆的,即把第一、第二部分分别学习,记熟后,再将第一、第二部分总起来学习,然后再学习第三部分,接着把第一、第二、第三部分总起来学习,如此类推扩展到整体的记忆方法。如此反复记忆前面所学的部分,可以强化记忆,使记忆准确而持久。

⑤韵语记忆法。是指把本身联系较少或过于繁难的材料,根据其内容要点或外在特征,通过缩略、概括、罗列、想象或联想,用简短精练的语言编成韵文,赋予其外在节奏韵律,增加趣味性的记忆方法。其形式有诗歌、口诀、歌诀等。

韵语记忆法适用于任何一门学科的学习,由于韵语记忆抓住了记忆材料本身的特征,自然、简洁,有节奏感、音乐感,把繁多的材料加以简化,因而能帮助记忆。

⑥缩略记忆法。是指在理解阅读材料的基础上,在阅读材料中找出一些能对回忆起提示或概括作用的关键字(或关键词),通过这些字、词的"提示"或"概括"功能回忆起阅读材料的一种记忆方法。

缩略可分为提示缩略和概括缩略两种:

提示缩略是在熟读记忆材料的基础上,强记住每一句开头的一个字。回忆时只要一想起这个字,就会想起全部内容。

概括缩略是对所要记忆的材料找出提示字后再进行数量的概括,这种方法也能帮助记忆。例如,中医学中将人体对外界事物所反映的生理活动喜、怒、忧、思、悲、恐、惊概括缩略为"七情"。记忆时只记住"七情",便能回忆出具体内容来。

⑦自测记忆法。是指对文献内容识记后,用自我复述、自我背诵以及自问自答的方式来检测记忆情况,从而提高记忆效果的方法。自测记忆可以用测验的方式反复回忆,加深对记忆对象的印象。在考试前的复习,采用自测记忆法能获得良好的记忆效果。

⑧应用记忆法。是指把学到的知识应用于实践,以利于巩固记忆的方法。应用知识,有利于保持,这是毋庸置疑的。从记忆过程来说,应用知识是知识的进一步感知和保持,也是知识的再认和再现;从认识论的角度说,应用知识使理论与实践得以结合,从而获得完全的知识;应用知识可以转化

为技能和技巧,而技能和技巧一般是不容易遗忘的。

运用应用记忆法,要根据各门学科知识的特点,采用不同的应用方式。例如,科技文献检索专业课,应通过课堂实习,培养基本技能。参加毕业实践、毕业设计、社会调查都是应用知识的具体形式,能使孩子牢固地掌握所学的知识。

细节⑲

泛读是一种博览群书的好方法

教育心得:

泛读要求阅读时既要集中注意力,又要提高阅读速度;泛读要善于从文中寻找关键的词、句和段落,并能用简练的语句概括文献的总体内容。

泛读是指广泛的、博览性的阅读。

泛读法有两个特点。第一,阅读材料所涉及的范围比较广泛,即鲁迅所主张的"泛览"、"随便翻翻"。第二,对文献内容的理解、掌握和探讨都不求深入。泛读的速度比较快,但速度快并不等于不思考、囫囵吞枣,而是粗中有细,胸中有全局。

泛读法可以使阅读者利用有限的时间,获得更多的知识。泛读还能培养阅读兴趣,产生求知欲;泛读也有益于加强理解和记忆。泛读时,生理上处于注意力集中、视力和思维活动积极一致、脑神经放松的最佳状态,大脑中的信息贮存可达90%,信息的提取和联系也容易发生。所以,泛读是一种博览群书的好方法。

但运用泛读法要注意以下两个问题:

第一,要求阅读时既要集中注意力,又要提高阅读速度。如果注意力分散,一扫而过,就不能获得有用信息,如果只有注意力而不讲究快速,那么阅读效率就会低下,因此要把注意力与读速结合起来,做到在较短的时间里获得有用信息。

第二,要善于从文中寻找关键的词、句和段落,并能用简练的语句概括文献的总体内容。

泛读是与精读相对而言的阅读方式。一般认为,泛读是一种略观大意、知其梗概、不需求源探微、究其深意的阅读。从大略把握读物的要点和特点来说,泛读分为三个步骤:首先是泛读书的书名、著者、前言、出版社、出版日期,了解书刊的内容和形式特征;其次是泛读正文,了解章节名称、文章的大小标题和能反映书和文章的内容的字、句、段落;最后是细读自己需要的或自己感兴趣的内容。

1.通过内容提要、序文和目录了解书的梗概

阅读一本书,首先要读内容提要、序文(引言)和目录。因为作者在这里讲的多半是说明由于什么原因、什么目的以及根据什么材料写成这本书,有的还特别指出该书强调的是什么。这些部分是为读者提供一把打开此书的钥匙。有些孩子开始往往不懂得阅读这部分内容的重要性,他们常常是拿过一部书就立即看正文,或者挑中间有趣的部分来读,认为内容提要、序文和章节同正文没有什么关系,可以不去管它。这是读书不得要领的普遍表现之一。其实,先读这些,对提高阅读速度和效率都是十分重要的。

(1)阅读书的内容提要

内容提要,是对全书简明扼要的提示,有的也叫内容说明,除了概述要点外,还简要介绍该书的特点和风格。读了内容提要,就可以了解这本书大体上写了些什么,对全书就有一个最简要的了解。有的书篇幅很长(有的甚至没有章目),如果不看内容提要,一开始就读正文,读了很久,还不知道此书要说些什么。如果读了内容提要,就能了解它的概貌。否则,既浪费时间和精力,又影响阅读速度和效果。

内容提要的位置,有的书放在封面,有的书放在封底,还有的放在前后勒口上,字数少,写法也极为精练。

(2)阅读书的序文

序文有的叫"序",有的叫"导言",有的叫"前言",有的叫"作(编)者的话",有的叫"写在前面",有的叫"代序"(用另一篇有关文章代替),等等。

序文有作者本人写的,也有的是编者、作者的师友或亲朋写的。由于序文能揭示一本书的梗概,评价其得失,因此,序在一部书中有着不可或缺的地位。周作人先生在《自己的园地》中说过:"会看书的先看序,现在可以照样说,要知道书的好坏,只需先看序。"叶圣陶先生在《略读指导举隅》前言中也说过:"读书先看序文,是一种好习惯。"因为"序文的性质常常是一书的提要或批评,先看一遍,至少对于全书有个概括的印象或衡量的标准,然后阅读全书,就不会茫无头绪。通读全书,其提要或批评不在本书而在旁的地方的尚且要找来先看;对于具有提要或批评性质的本书序文怎能忽略过去?"

(3)阅读书的目录

这里说的目录,是指一本书的目录。它既是书的眉目,又带有提要的性质。初学阅读的孩子,在读整本书之前,也要养成先看目录的习惯。读者借助于本书的目录,走进阅读整本书之门。郭沫若只用一个夜晚便读完了长篇巨著《红楼梦》,他是专选作品主人公林黛玉的章回来读的。要知道哪几回是写林黛玉的,不依靠目录指引就难以想象。可见,借助于目录,可以使读者在没有读某一本书之前了解该书的概括内容的纲要,能帮助读者弄清各章节之间的联系和逻辑关系,而且还有引导读者挑选阅读篇目、选择阅读重点的作用。

2.抓住书的要点和条理

(1)抓住揭示要点的话

古人有片言居要、要言归旨之说。意思是说一句简短的话就可揭示文章的要点,一句重要之语就可概括出文章的主旨。这是作文之法,同时也是读文之法。"金玉其外,败絮其中"之片言,揭示并概括了《卖柑者言》一文的要点和主旨,"苛政猛于虎"一言揭示出《捕蛇者说》全文的中心,《伶官·传序》一文的精魂则可归之于"忧劳可以兴国,逸豫可以亡身"之句。这样的例子还很多,我们阅读时要着力抓住这"片言居要"之语、"要言归旨"之言。抓住了它们就等于"牵住了牛鼻子",抓住了全文之精要。

(2)理清文章的次序和条理

古人说"物中有序"、"有条则不紊"、"有序则不杂"。意思是说,事物本身就有一定的次序和条理,一旦摸清了这种固有的"序",就会一通百通,使事物井然有序、条理分明。阅读也是如此,作为反映客观事物面貌和规律的读物,也是有其序次、条理的。古人称此为"文脉"、"意脉",也就是我们所说的文章思路。阅读时,着眼于理清全文思路,就如全豹在胸,从而从整体上把握读物的中心和要点,也可更容易地理解全文。

3.随便翻翻,捕捉会意之处

晋代著名诗人陶渊明在《五柳先生传》中讲五柳先生"闲静少言,不慕荣利。好读书,不求甚解;每有会意,便欣然忘食"。这就是说,阅读时不要被读物中那些次要的、枝节的、琐碎的东西所左右,尤其不必过分穿凿字句,而把主要着眼点放在读物中那些真正有价值的主要内容的理解和把握上。

陶渊明在读物的某些词句或次要内容上虽然不求甚解,但他在"每有意会"之处,却能"欣然忘食"地去阅读。所谓"意会",即"内心体会"。这就是说,在他阅读时,有一些内容可能不被留意,而一旦有能同他本人的思想、经历和内心体察相沟通、相吻合的内容,便备感兴趣,于是便高兴地读起来,甚至达到废寝忘食的程度。这是一种有所选择的读,与心灵相沟通的读,是阅读的新境界。

阅读活动本身的特点就是旧知识与新知识相结合的过程,是阅读主体

的思想、感情、阅历等与读物内容相撞击而又相结合的过程。在阅读时,读者如能多方联系,把自己"摆"进去,一旦读物中的某一内容与阅读主体自身的某种思想、感情、认识、身世、经历交融起来,就会产生"共鸣",就会出现某种"会意"之处,也就是达到了阅读的最佳境界——欣然忘食,乐此不疲。这种方法实际是一种有所求有所不求的方法,也就是阅读时有所轻有所重。那就要读者独立思考,恰当抉择。所以决不能漫不经心,而应多作思考,善于分析。

细节20

快速阅读,从书中迅速提取有用信息的高效读书方法

教育心得:

我们可以通过默读、宽读、扫读、整读四个步骤,由简到繁、有秩序地对孩子的速读能力加以训练,以便使孩子快速地记一些词句、文章,为今后的学习积累丰富的知识。

快速阅读,简称快读或者速读,顾名思义就是用比正常阅读速度快几倍、十几倍甚至几十倍的速度进行阅读,用一句成语形容就是"一目十行"。

快速阅读,是在注意力高度集中状态下,从文本当中迅速吸取有价值信息的一种阅读方法。绝大部分人的平均阅读速度约为 200~300 字/分钟,而掌握了快速阅读技巧的人则能以 2000 字/分钟以上的速度阅读书籍和资料,熟练者能达到或超过 10000 字/分钟。

　　阅读学认为,从阅读方式来考察,可以把阅读分为两大类:其一是按照字、词、句逐个来读的精读。其二就是快速阅读,即一目一行、一目数行甚至一目一页地阅读,以便从文字材料中迅速攫取感兴趣的、对自己有价值的信息的阅读方法。不仅速度快,而且理解记忆程度高,这才能在尽可能少的时间内获得尽可能多的有用信息。

　　快速阅读强调的是阅读速度尽可能加快,但绝不应是泛泛地浏览或不求甚解地走马观花。也就是说,快速阅读不仅仅要求阅读速度快,而且要求理解率高、记忆效果好,这样才能在尽可能少的时间内获得尽可能多的有用信息。所以,快速阅读应该是在注意力高度集中状态下,以获取有价值信息为目的的一种积极的、创造性的理解记忆过程。快速阅读的真正意义不在于阅读的速度有多快,而在于在快速阅读过程中获得"快速理解+快速记忆"。也就是说,快速阅读者能够用和快速阅读同样的速度来同步理解所阅读的内容,并且同时比较牢固地记住所看到的内容(包括重要细节),即所谓"一目十行,触目即懂,过目不忘"。因此,快速阅读的重要作用是通过提高对知识和信息的鉴别能力、吸收能力和存储能力。

　　快速阅读,是从文字读物中迅速提取有用信息的高效读书方法,是一种高级的阅读能力。下面,我们就从几个不同角度来分析一下快速阅读。

　　首先,就快速阅读的目的而言,它是一种"去粗取精"式的阅读,也有人称之为"扫描"式或"跳跃"式的阅读,虽然不太准确,但还比较形象。正如爱因斯坦所说的那样,快速阅读就是在所阅读的书本中找出可以把自己引到深处的东西,把其他一切统统抛掉;也就是抛掉使头脑负担过重并将自己诱离要点的一切。这就是说,可以把书中那些无关紧要的引文、图表、推理过程等"省略"或者"跳跃"过去,而使目光像雷达搜索和追踪目标一样,敏锐地抓住书中的重点、要点和脉络来阅读。这样,我们就可以用较少的时间去赢得较大的阅读量,用较少的精力获得较多的知识和信息。

第二，就快速阅读的性质而言，它是一种运用内部语言对文章进行简缩的阅读。要简缩，就离不开"内部言语"，即无声的思维语言，这是人们在头脑中思索、解决问题时产生和运用的言语，具有简缩、跳跃和无声的性质。一般来说，未经训练的人，眼球接受文字信号的速度大大低于大脑的思维速度。视觉感知文字符号时要一个一个或一组一组地进行，还需要眼停和眼跳的配合，每次眼停(对文字注视)需 1/10~3/10 秒左右。阅读过程中眼跳所需要的时间仅仅占 5%左右，其余的大部分时间用于眼停，这是造成感知文字符号速度慢的重要原因。相反，人的思维进行得非常迅速，特别是使用内部言语思维，有很强的跳跃性、简缩性，常常是一闪而过。这样一快一慢，两者不能协调运作，效率当然就很差，阅读速度自然受到制约而快不起来;反之，把二者协调好，使其趋于同步，就成为快速阅读的重要基础。

根据实验，经过训练后，阅读时的感知单位可以迅速扩大为以词组、句子为单位的感知，甚至以段落、页面为单位的感知，自然可以大大提高阅读的速度。

第三，就快速阅读的方法而言，它是一种"眼脑直映"的科学运用视力和脑力的方法。快速阅读省略了语言中枢和听觉中枢这两个中间环节，即文字信号直接映入大脑记忆中枢进行理解和记忆，这是一种单纯运用视觉的阅读方式。许多人对这一点感到疑惑，以为自己没有这种能力。其实，这是在识字过程中形成的一个习惯，是完全可以改变的。例如，先天性聋哑人的头脑中是没有声音的概念的，自然不能读和听，但是经过教育，不仅能够读书、看报，而且其阅读速度比一般正常人要高。所以，"眼脑直映"的方式是我们每个人都能掌握的，是真正的"看"书。

巴尔扎克曾对快速阅读做过详细的观察和细致的描写，如他在《路易·拉别尔》一文中写道:"在阅读过程中，他吸收思想的能力是罕见的。他的目光一下能抓住七八行，而且他的智力理解意义的速度与眼睛的速度相等，往往是一个唯一的词便能使他掌握全句的意义。"这就是说,对文章的内容不是"读"懂的,而是"看"懂的。

第四,就快速阅读的效果而言,它的优势在于快,能够在很短的时间内处理大量的文字材料,这对于孩子学习知识,对信息检索、筛选、甄别的意义是相当大的。那么,是不是快速阅读除了快以外就没有其他优势了呢?完全不是。经过科学、系统地训练的快速阅读,其整体文章的理解水平和记忆水平都要明显高于传统阅读。

我们可以按照下面的方法由简到繁、有秩序地对孩子的速读能力加以训练,以便使孩子快速地记一些词句、文章,为今后的学习积累丰富的知识。

第一步:默读

默读就是不出声地阅读。因为出声阅读会大大减慢阅读速度,所以教孩子快速阅读,必须纠正他们读书出声的毛病,必须要学会快速默读。

如何才能让孩子做到无声阅读呢?

①不能念念有词,不能出声。

②不能心读,不能在心里"自言自语"。

③眼脑并用,通过眼睛直接到脑,不必出声。

第二步:宽读

要加快阅读速度,必须避免一字一字地阅读。当孩子具备了默读能力的时候,就可以让他扩大视觉范围,增大识别间距。阅读时不以字或词为单位,而是在短暂的注视或刹那间接受一个较大的语言单位,一个句子或一个段落。宽读首先要在扩大视角上下功夫。为了扩大视角和视区,必须让孩子保持良好的阅读姿势:坐直、眼和书之间要在 30 公分以上,视区一般要求在 10 个字以上。

一行字可分为左、中、右三点,在点上可做瞬间终止,然后马上向下个视点像跳跃似地飞快移动。

第三步：扫读

扫读也就是所谓的一目十行法，是一种比宽读还要快的方法。它不仅在一瞬间能看一行中的很多字，甚至能看好几行的字。它要求读者的目光先横后纵地快速移动，像扫描一样，快速扫视。教孩子掌握了前两种快读方法后，就可以学习这种扫读的方法了。

一目十行要求只扫视最关键的词语，留意字里行间的重要信息就行，这就如同认读一个字，并不需要将这个字一笔一画都仔细去看，而只凭整体形象即可辨认一样。在一个长句中，不必一个字一个字去辨认，而只需要将其中几个主要的、关键的词映入大脑，就可以凭经验把它们连接在一起。

第四步：整读

整读即整体阅读，就是从整体上按照一定的程序掌握读物所提供的信息，以达到快速理解目的的阅读方法，是快速阅读训练的最高层次。

整读就像照相机一样，快门一按，整个景象都进入相机里，不存在一个字一个字、一个词一个词、一句一句、一行一行的现象。

相信当孩子学会了这种读书方法以后，读书将不再是难事，他一定可以从读书中领略出更多的乐趣。

细节㉑

神奇的 *SQ3R* 读书法

SQ3R 读书法是一种极其高效的阅读方法，由美国伊阿华大学最先提出，它可以有效地帮助人们读书，在全世界都受到了高度重视。您可以学习一下这种方法，并且灵活地运用到指导孩子读书的实际当中去。

神奇的 SQ3R 读书法适用于学习任何书面材料，这些材料可以是一本书、一本书的一个章节、单独的一篇文章或是任何其他书面的东西。SQ3R 就是在阅读中所需的五个方面的第一个字母组成，它们是：浏览（Survey）、问题（Question）、阅读（Read）、复述（Recall）、复习（Review）。

下面让我们来看一看这种神奇的阅读法的详细内容：

1.浏览（Survey）

通过快速地预习或者浏览，尽量掌握您所看材料的大意。如果您善于浏览，您就有机会涉猎远比您详细阅读所能接触的多得多的书和文章。通过快速浏览封面可以看到：总的主题范围——书的标题，具体的"倾向"或者"角度"——副标题，简介或者说明性的短评，另外还有作者的名字、背景资料以及专长或者履历，这些信息能帮助您决定作者的观点是否值得注意。有时，浏览封面所得到的信息足以使您明白该书是否与您

教育心得：

SQ3R 就是在阅读中所需的五个方面的第一个字母组成，它们是：浏览（Survey）、问题（Question）、阅读（Read）、复述（Recall）、复习（Review）。

的需求相适应,所以您就能从阅读单上决定是否把它划掉,以便用宝贵的阅读时间去浏览其他的书籍和资料。

扉页是下一个应注意的对象,它能告诉您一些封面上没有提及的有关作者的内容,而且在扉页的背面可能提供一些重要的信息,如该书第一版是什么时候;它是进口(翻译)还是国内的作品;它已发行了多长时间;它重印了多少次;它是否是最新的版本;它最后一次修订或再版是何时;出版商的名称和地址……书的扉页的正面向您提供了一些您在封面收集不到的信息,而扉页的背面向您提供了本书出版发行的全部历史。这能使您确定它是否符合您所要求的时效性,也向您标明了出版社的名称和地址。

目录是在浏览时决不能忽略的部分,它将告诉您作者安排了哪些论题,此外,它还将向您提供其他一些信息,如作者是怎样组织这些论题的,包括主题、子题等。所以,对目录的浏览应当使您了解到书中所涉及的论题,并且能给您一些线索,使您明白各论题之间有何联系。而且当您阅读了一章或者更多的章节后,您或许还会回过头来再一次浏览目录。也许您拿起本书的目的只是想寻找一些能帮助您回答一个具体问题的参考资料,如果是这样,那么您的浏览便可以就此打住了。因为您已经能清楚本书是否包含有您所关心的内容。

正文作为浏览的一部分,本身也值得您从头至尾翻阅一遍。当您在翻阅时,可以注意标题和副标题;阅读每章末尾的总结(如果有的话);注意正文在版面上是怎样安排的;查看曲线图、图表、表格,阅读特殊的句子。

显然,在这一阶段您所读过的大部分内容很快会被忘掉,但这无关紧要。您的目的只是取得对该书的感性认识——它的风格和结构。它是否正是您所需要的或者某部分是否值得更加仔细地阅读,那是您另外要考虑的问题了。

所以,建议您对上面提到的每一本书的几个方面都应逐一浏览,不过在您具体的学科范围内的书籍不一定都有这些特征。然而,它们或许有独具的值得浏览的部分,例如附录。浏览或者预习一本书的意义在于决定这本书有什么内容为您所需, 在这一过程中您还可以提出许多其他的问题。这样,假如您对浏览全书已投入了相当的时间,并认为这对您在开始正式阅读时有所帮助,您就可以决定是否值得从第一章开始逐字逐句地阅读(或者您认为哪一章值得您重点关注)。

2.问题(Question)

在浏览时,如果您认为书中的内容值得进一步仔细阅读,您就可以向自己提一些您想找到答案的问题。我们现在就来看一下 SQ3R 学习法"浏览——问题——阅读——复述——复习"中的"问题"。无论何时,当您开始仔细阅读正文时,都应当尽量向自己多提出些问题。提问对学习具有极大的推动作用,它能使您的阅读有更多的目标,并能促使您的阅读更具批评性和警觉性,使您成为深层含义的积极追寻者,而不是语句的消极吸收者。

常见的问题是被称之为实践活动或者练习的项目,这是开放式学习教材中的重要组成部分。如果作者在编撰它们时策划精巧,将有助于阅读时的理解。因此,作者将要求您通过了解范例,并提出您自己的实例,解决实际问题,把理论与自己的具体情况相结合等来应用作者提出的思想。

无论您读什么材料——教科书、文章或者其他,都应当问自己:"在该材料中最重要的思想是什么?如果我想让读者获得某些知识,我将插入什么问题才合适?"如果您在阅读中不断向自己提问,那么一个问题解决了,另一个问题又产生了。

因此,进行预先浏览的一个最重要原因,就是它能给您提供提问的机会,这样能增强阅读的目的性。刚开始您可能会感到问题的产生不那么容易,或者有些牵强,不过,当您实践了一段时间之后,您就会觉得得心应手了。

3.阅读(Read)

在浏览和提问之后,我们就可以考虑仔细阅读全文了。如果您在初步

浏览之后,发现所阅读的内容完全符合您的需要,您就会想更详细地阅读它了。

在进行细心阅读之前,先有更轻快的阅读,也就是浏览和提问。细心阅读意在积极地和批评性地阅读。您的工作不是像吸尘器一样只是吸取他人的词语,而是应当寻求词语背后所蕴藏的主题思想,并把作者的思想与其他专家的思想和自己的体验以及逻辑观念进行对比验证。

因此,在整个阅读过程中,您应当一直向自己这样提问,如:

(1)我能明白这篇课文的大概意思吗?

(2)这段话的真正含义是什么?

(3)这些是论据还是意见?

(4)作者是怎样知道这些论据的(或者怎样评判他或她的意见)?

(5)哪些论据或意见值得考虑?

(6)所有这些是否与我的经验相吻合?

同时,在阅读全文时,具体还会应用到各种不同的方法,如速读、精读、扫读等,要依据不同的书籍类型和实际内容灵活运用这些方法。

4.复述(Recall)

当您阅读完一个阶段时,尽量复述其要点。在"阅读"阶段不要做笔记,即使书是属于您自己的,也不要在段落上勾画重点符号。记笔记是 SQ3R 方法第四阶段的工作。阅读一篇文章不应以读完而告终,除非您有非同寻常的记忆力。即使阅读的是最重要的思想,在您放下书几分钟之后或许就会忘掉 50%的内容,除非您采取一项积极的措施复述它们。一般来说,要记住你所学过的内容,最可靠的办法是运用它们,而尽力复述它们是您能这样做的第一步。

这是一种积极的阅读方式,因为您必须千方百计地去掌握所读过内容的要领,并且能以自己的话总结出来。没有必要在读了每一句话之后都停下来复述一遍,除非这些句子既长又复杂,因为一次至少读一段才能弄清作者的意图何在。遇到较长或者较复杂的段落,就有必要把书放下片刻,看您是否能用自己的话语总结出主要的观点,但不要规定每读完一段或是两段后都得停下来,因为这样做有可能妨碍您理解作者论证的整体思路。

在读完每一节之后复述一次,符合大多数人的学习习惯。例如,在读到下一个新的主要标题之前,先停下来盘清存货,这样您就可以连续读几页才停下来复述这部分您所遇到的重要思想。

另外,您也可以在一章或者一篇文章的末尾停下来,对在整个一章或一篇文章中所遇到的所有重要思想进行复述。但是如果这一章很长或者相当繁琐,那么您的复述就不会那么顺畅或抓不到要点,这样就只能在中途停顿一两次来复述了。

因此,经过多长时间需要停顿下来复述一次,并没有固定的标准。这是必须自己解决的事情,而且,对不同题材所采用的标准也是不同的,这要视当时的具体情况而定。不能只考虑复述,还应当记下要点来,对一些主要思想和比较重要的细节做一些简要的记录。即使是最概略的笔记也比您脑子的记忆有效,您对所学内容理解的清楚程度很容易过于自信,直到您试着用文字把它们记下时,才会感到事情并非如您想象的那么简单。此外,您可能还需要一份所读过的东西的记录。

您可能要花去实施 SQ3R 学习法所需时间中的相当大一部分用于复述这一环节,至于要用多少时间,这取决于阅读材料的种类。如果您学习的材料难于理解,或者如果您认为有必要记住这部分材料,那么您就可以花比阅读更多的时间用于复述和复习上。

5.复习(Review)

通过复习全文来检查您对书籍的掌握程度。复习的目的是取得有关复述的反馈信息,决不要以为您复述到了每一个重点,并且复述正确,要知

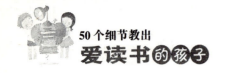

道再一次的检查总能使结果更精确。

复习的方法之一是迅速重复一遍 SQ3R 学习法的前面四个步骤。这就是：

（1）浏览该节或者该章的总体结构（再一次查看标题和相应的总结）。

（2）回忆所提过的问题（您能回答所有这些问题吗?有新的问题产生吗?）。

（3）重读课文以查看您是否复述了所有重点。

（4）通过补充笔记中的一些遗漏点和校正一些错误来完善您的复述。

假如该书或文章是属于您自己的，您还可以画出一些重要的段落用其他标记使其更醒目。

现在我们来把这些步骤应用于本章：

首先复述主要的思想（如：想一想标题），根据记忆做一些简要的笔记，在完成这些任务的过程中，请合上书。

然后重新检查复述的准确程度。遵循以上的四个步骤或者采用适合您的方法。您对复述的程度感到满意吗?希望能比您平时的成绩更好。但是，如果您在读完每一章节之后，都尽力完成复述任务的话（假设您没有如此做），其结果会更令人满意。

以上就是 SQ3R 学习法的全过程，它所包含的 5 个方面被成千上万人采用过，他们发现这一方法对他们的帮助非常大，因而可以肯定地说，它对您和您的孩子收益也不会小。

细节 22

学而时习之，乃是读书正道

许多书籍，尤其是经典著作，内容丰富，意义深邃，不是只读一遍便能理解的。俄国著名文学评论家别林斯基谈到果戈理的小说《死灵魂》时说："如同一切精深的创作一样，《死灵魂》不是第一次阅读就能完全了解的。""第二次阅读它时，完全像阅读一本新的、从来没有看过的著作一样。"可见，这样一位杰出的文学评论家，阅读同代人的文艺名著还要几经反复才能理解，如果我们一看而过，能从中得到多少教益呢？

宋朝有个人叫陈正之，很想成为一个大学问家。他读书又快又多，但学到的东西却很少，常常为此苦恼。一天，他路遇朱熹，便向朱熹请教读书之道。朱熹针对他读书的弱点劝他："以后读书，每次只读 50 个字，连读它两三百遍，每遍皆用脑思之。"陈正之用这个方法读书，过了些日子，果然收效甚大，后来真的成了一个大学问家。

"读书千遍，其意自见。"读书应该既读又习，光读不习者，读而不固；只习不读者，所知寥寥；学而时习者，乃是读书正道。反复读书的形式是多种多样的，从内容上看，我们大致可以把它分为全面反复、重点反复和倒转反复 3 种。

教育心得：

家长在教育孩子阅读时可以分为①全面反复；②重点反复；③倒转反复。这样可以提高孩子知识吸收的能力。

1.全面反复

所谓全面反复就是把已经读过的书从头到尾重新看一遍。全面反复不是最佳的反复方法,但它却是反复的基本形式,作为反复的第一步。这种方法对于只看过一遍而印象依然十分模糊或者基本上还没有读懂的书,是行之有效的、很有好处的。我国古人读书就常用这种方法,如明清时代一些学者为了钻研历史,不惜下苦功把《史记》、《汉书》乃至《资治通鉴》从头到尾一字不漏地抄下来。

明朝文学家张溥,记忆力欠佳,读过的书很快就忘掉了。后来他给自己做了一个规定:每读一篇文章就整整齐齐地抄一遍,一边抄一边在心里默诵,抄完后读一遍就烧掉,重新再抄一遍。这样重复七八次,对文章的记忆就很牢固。为了勉励自己,张溥甚至把自己读书的屋子取名为"七录书斋"。

北宋天文学家苏颂,总结水车、筒车、凸轮等机械原理,设计自动化天文台"水运仪象台",为世界上第一座天文钟。他博览群书,尤其对历史知识记得滚瓜烂熟。苏轼曾经向他请教读书经验,苏颂道:"我曾经按照年月排列史实,这样编写了一遍;以后又在史实下面注出年月,这样又编写了一遍;编来编去自然就熟了。"

这样做当然有它的好处,一是面撒得更广,二是基础更扎实,用梁启超的话来说:真心做学问的人总离不了这条路。但是这样做毕竟花费时间太多,有时还会淹没重点,如果对全书已经基本理解,采用这种方法读书就不好了,那就应该采用另一种反复方法,即重点反复法。

2.重点反复

每一类书、每一本书乃至每一个章节中都有它的主要内容和重点部分。反复读书法所强调的反复,从根本上来说是指文章的主要内容和重点部分的反复。

唐朝的文学家韩愈在《进学解》里谈到读书时说:"记事者必提其要,纂

言者必钩其玄。"意思是说,对叙事的书,必须掌握它的要点;对说理的书,必须探索它的主旨。朱熹也说,对重要的书和文章的核心部分,应当"从头熟读,逐字训释,逐句消详,逐段反复,虚心努力,且要晓得句下文意",要"使一书通透烂熟,都无记不起处,方可另换别书,乃为有益。若但轮流通念,而复之不精,则也未免枉费工夫也"。

据宋代陈鹄的《西塘集耆旧续闻》记载:苏东坡被贬为黄州团练副使时,与司农朱载上结为知己。一天,朱载上前往苏东坡住处探望,通禀许久,还不见苏东坡出迎,朱载上走也不是,留也不是,十分尴尬。好半天,苏东坡才出来接待,他抱歉地说:"刚做完'日课',失敬得很。"朱载上一听,很惊奇,忙问:"先生的'日课'是什么呢?"苏东坡答:"抄《汉书》。"朱载上更为诧异,说:"以先生之才,开卷一览,就可终生不忘,还用得着手抄吗?"苏东坡笑着说:"不,不,我读《汉书》到现在已经亲手抄3遍了。开始是读一段抄三字为题;第二遍抄两字,现在只抄一字。"朱载上要看一下苏东坡的笔记,苏东坡便让人拿来,朱载上随便念一个字,苏东坡应声背诵题下文字,没有一字差错。朱载上敬佩不已。

从这则记载中,我们可以看到,苏东坡这种抓纲提要的读书法,实际上就是重点反复读书法。值得注意的是,重点反复读书法必须有个正确的前提,就是必须懂得并且抓住文章的重点,否则鱼目混珠,反而弄巧成拙。而要抓住文章的主要内容,领会其精神实质,往往也不是读一遍书就能办到的,它也需要一个反复的过程,从这个意义上讲,全面反复和重点反复二者之间的关系又是对立统一、相辅相成的。

3.倒转反复

读书要循序渐进,但反复却不一定要绝对遵循这个格式,在很多情况下,采取倒转反复,效果反而更好。所谓倒转反复就是打破书本章节的原有结构顺序,而采取不同程序的复习方法。如:书本上介绍知识的顺序是纵

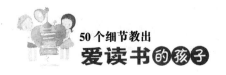

的，可以从横的方面去反复；书本上介绍知识的顺序是横的，可以从纵的方面去反复；甚至可以采取倒过来从尾复习到头的顺序。日本早稻田大学教授福井重雅说过："读书不妨逆读。"他认为第一遍从头读，第二遍就从最后一章逆读。因为通过倒逆读书的方法，从一开始就知其中心内容。进而溯本查源，可以加深对问题的理解。而反复运用顺读和逆读的方法，又会使学习效果倍增。运用倒转反复读书法要注意书本内容的内在联系和倒转的逻辑性，不要随心所欲，乱读一气。

细节23

做读书笔记，是阅读活动中不可缺少的

教育心得：

涂特立老人有句名言："不动笔墨不读书。"做阅读笔记，也是一种写作练习，可以帮助孩子提高表达能力，因此做点记录也是阅读活动中不可缺少的。

古今中外有不少作家、学者、科学家，都很重视写阅读笔记。

据说晋朝的左思，小时候学习不大好，后因受到父亲的严厉责罚而发愤苦读。他手不释卷，并特别重视做阅读笔记。在室内的门上、墙上，甚至在厕所里……凡他生活中经常接触的地方，都挂上了纸笔。他读着想着，只要看到或想到好的语句，就随时随地记下来。日积月累，他终于获得了真才实学。这些笔记，为他的创作生涯储蓄了用之不竭的财富。后来，他写出了轰动洛阳的名著《三都赋》，人们竞相传抄，留下了"洛阳纸

贵"的佳话。

做读书笔记的方法很多,这里归纳12种,供参考和运用。

(1)批语。阅读时,可在原文的旁边加上眉批,也可在行与行之间加旁批,在读完全文后加尾批。

(2)符号。就是在阅读时对重要的词语、句子、段落,标上各种符号,如直线、曲线、双线、黑点、划叉、箭头、方框、圆圈、惊叹号等,也可用自己独创的符号;这些符号各代表什么意思,自己明白即可。

(3)摘录。就是在阅读时把自己认为有价值的内容摘录下来,可以整段摘录原文中重要的、精彩的部分,也可以摘录其中的论点、结论、名言、警句或重要史料等。

(4)全抄。就是一字不漏地照抄原文。

(5)提纲。就是内容提要笔记。可以是原著的缩写,即把原著的基本内容、中心思想,用自己的话加以概括;也可以边叙边议,即摘录一点原著,并加上自己的说明和见解。

(6)心得。就是对读过的作品或文章,经过自己的理解后写下的见解或体会。这种笔记一般是用议论性的文字写的,类似"读后感"。

(7)专题。就是为了研究某个问题或写作某篇文章的特殊需要而做的笔记。

(8)卡片。就是用印有表格形式的固定卡片纸写笔记。表格上印的是材料的编号、类别、题目、来源、著译者姓名、出版时间与地点、内容提要等项。这种笔记,抄写与整理很方便,积累到一定数量,便可分门别类,或装订成册,这样利于查找,需要时可取之即用。

(9)札记。就是用固定的笔记本记下资料或心得。清代学者梁启超十分推崇这种笔记方法,他在《清代学术概论》中强调,读书求知,必置一本札记本子,随读随记可以帮助记忆。

（10）日记。就是用日记来写读书心得。每日读,每日记,形式活泼,易于将一点一滴的读书体会记下,日积月累,可以形成自己的读书知识宝库。

（11）索引。就是在笔记本开头写上您准备学习或研究的一个总题目的名称,例如"记叙文的写作"。下面列出您将钻研的具体题目,如"记叙文的开头和结尾",在这个题目下面留若干页空白纸,看到适用的书籍或文章篇目,便按类别连同书名、篇名、出处、发表和出版日期,全部抄入笔记中,也可记下原文的要点。

（12）剪报。就是把对自己有用的报纸、期刊上的资料或文章,分类贴在本子上。

在这么多种记笔记的方法中,我们拿出两种,即"卡片"和"剪报"为您作详细的介绍:

1.卡片

在阅读中,让孩子把优美贴切的语言,富有哲理的语句、语段和有丰富知识性的内容随时拿笔记本摘抄下来,不仅能提高孩子的语言表达能力,还能让孩子从中体会不少情趣,使孩子潜移默化地受到美的情操的陶冶,不知不觉提高文化素养。利用卡片可以帮助孩子记忆,为以后查找提供方便。那么,怎样做好笔记和卡片呢?

做摘录用的卡片可买现成的,也可仿照制作,一般卡片的纸质需稍硬些,卡片的大小要固定,不要再更改,这样便于以后的翻找和装订。卡片上要有材料的编号、类别、题目、来源、著译者姓名、出版时间与地点、内容提要等项。笔记和卡片上的线条以黑色为宜,这样会让眼睛舒服。

一般来说,一张卡片只摘录一条,但为了便于今后查阅,摘录的卡片必须分类,在每张卡片上做上记号,分类越细,查阅时越容易,其作用也越大;卡片的上部或反面需记下所摘内容的出处、作者、版本,以备查找核实;同类卡片可先用绳子穿入孔中扎好,积累多了,可做一个简易的卡片箱,把卡

片分类放入,并在卡片箱外用符号注明其类别,犹如图书馆中的图书目录索引,便于查阅。

做卡片是长期的工作。阅读书报杂志时,看到有用的东西随时拿笔记本摘记下来,正所谓走到哪儿记到哪儿。所以,卡片最好用卡片夹固定起来,这样携带比较方便。

2.剪报

俗话说:"秀才不出门,能知天下事。"每天阅读报纸,经常翻阅杂志,能了解天下大事,丰富知识,开阔视野,还能培养孩子的阅读能力,提高孩子的语文水平。报纸的内容极为广泛,从政治、经济、军事、外交、法律、文化、艺术,到天文、地理、历史、风俗等无所不包;期刊的品种繁多,门类齐全,知识丰富。对孩子来说,课堂学习并不是获取知识的唯一途径。世界著名的发明大王托马斯·爱迪生从小卖报,他认为通过卖报,可以读到一些办得很好的报纸,从中获取有益的知识。报纸的内容篇幅都不长,不用花太多的时间就可了解很多的信息,父母可以推荐孩子看一些适合他的内容。

如果将每天看过的报纸全部保存起来,是不易办到的,而且翻查上也不方便。所以要利用报纸,让孩子进行剪报的工作。摘要摘录固然好,但费时多。让孩子把读到的好文章或对自己有用的文章(资料)剪下来,并按照不同的分类,贴在不同的剪报本上。剪报时务必注明时间、出处等,以便日后查阅。要让孩子经常阅读贴在剪报本上的文章,这样就会烂熟于心,应用时得心应手。

孩子初学剪报,不要求面太广,可以选择一两个专题。待有一定经验后,再扩大孩子剪报的门类。

报纸不是剪下来就行了,最好训练孩子做剪报笔记。剪下来的文章要提醒孩子及时归类,经常翻阅。不一定要求孩子写多少字,关键是要孩子把

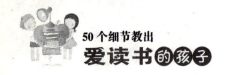

"挑选这篇文章的原因"写下来就行了。等孩子进入了状态后，再让孩子心有所感时在旁边写几句心得，录几句批语也不迟。持之一恒，必有收益。

细节24

阅读方法不能生搬硬套，应根据不同的文体灵活运用

教育心得：

我们要注意到，一种读书法不一定适用于阅读所有的书籍，阅读同一本书也不会只用到一种阅读方法；另外，注注阅读内容的类型都带有这种文体的本身特点，阅读方法也不能生搬硬套。

　　从读书方法的类型上分，读书的方法可以分为泛读法、精读法、速读法、慢读法、勾画法、做笔记法等许多种类。这样划分读书方法，虽然容易理解，应用起来也很直接。但是，我们要注意到，一是一种读书法不一定适用于阅读所有的书籍，阅读同一本书也不会只用到一种阅读方法；另外，往往阅读内容的类型都带有这种文体的本身特点，阅读方法也不能生搬硬套。在长期的阅读中，人们针对不同体裁的作品的性质，总结出了阅读各种文体的具体方法。下面，我们就对孩子阅读中常见的诗歌、小说、散文、古文4种文体的阅读方法做一介绍。

1.诗歌的阅读

　　诗歌是运用高度凝练的、有节奏的语言，拥有丰富的想象和强烈的感情，并且常以直接抒情的方式来高度集中地反映社会生活的一种文学体裁。孩子最早接触到的文学作品，往往是儿歌。比如，

"摇啊摇,摇到外婆桥……""小燕子,穿花衣,年年春天来这里……"这些儿歌都在不同年龄段的人们的记忆中,留下了深刻的印象。而到了少年时期,一些浪漫、抒情的诗歌,更是受到大家的青睐。

好的诗歌,想象丰富,画面绚丽多彩,形象富有个性特征,常运用比兴、比喻、拟人等修辞手段,渲染一种强烈的感情。读诗,最主要的是让孩子自觉地进入诗的境界,沉浸在诗歌的想象之中,把自己的感情融入到诗歌中去。

诗歌的阅读,往往跟朗读联系在一起。这是因为诗歌和其他文学作品所不同的是,它有一种鲜明的节奏感和韵律的音乐美。应当让孩子知道,在旧体诗中所谓"韵律"指的是字音的声调平仄格式和句尾的押韵规律。而现代诗歌已经打破了这些"格式"和"规律",不再为这些人为的束缚而去破坏诗的意象和情思。但是现代诗依旧是"诗",仍然讲究琅琅上口,讲究适当的押韵,讲究节奏感,讲究"音乐美"。不讲押韵,没有节奏感,仅是简单随意地分行写句子,就很难体现诗歌的特色。而要体味其中的韵味,最好的方法是朗读出来。那么如何朗读好一首诗呢?

首先要在大体浏览诗歌的基础上,读出诗歌的音乐美来。诗歌的音乐美,主要表现在鲜明的节奏和响亮的韵脚上。诗歌的节奏是看每一首诗有多少节,每节有多少行,每行有多少个音节,每几个音节形成一个"音步"。"音步"是诗行中有规律的停顿,如同迈步行进。每首诗的小节多少不一,要根据每一节之间内容上的关系处理好停歇。每节诗的诗行也有多有少,要根据各行的内容和语法结构的关系来安排停顿,还要注意诗行语调的抑扬顿挫。每行音步数目不一定相同,一般是两到4个音步,也就是两到4个停顿。每个音步停顿时间大致相等。一个音步里音节多的,读得紧凑些;音节少的,读得舒缓些。音步的读法可以是稍顿,也可以是拖一拖的声音。这一顿一拖,有的长些,有的短些。诗歌的韵脚,是有规律地在一定间隔的诗行末尾重复出现相同韵腹和韵尾的音节。韵脚应读得稍长些、响亮些,如果句

末音节是轻声字,也同样要适当加重一点,显示声音的和谐。但不要把韵脚读得太重,以免和句中的重音相混淆。

此外,不同格调的诗歌要用不同的声音气势来表现。诗歌的体裁、内容有不同,朗读时声音强弱高低的运用也就有所不同。有的音势雄壮激越,如排山倒海;有的恬静舒缓,如涓涓细流;有的轻松活泼,如手鼓轻敲。总之,运用哪种音势是由诗的内容来决定的。一般来说,朗读诗歌要用真实、自然、接近口语的语音,而不要拖腔拉调、生硬造作。

读诗,要真正读懂诗、理解诗,还要有一定的鉴赏能力。理解是指从形式到内容的整个认识过程,读诗理解力表现在不仅能够了解一个个词句的表面意思,而且认识词句之间的内部联系,直到认识其本质的、内在的、全部的含义。在大量有心地阅读、吟颂之后,渐渐地就能培养出一种对诗的鉴赏能力了。

2.小说的阅读

孩子们在课余时间也许读得最多的就是小说。小说在众多的文学作品门类中占有重要的地位。它是以塑造人物形象为主,通过完整的故事情节和具体的环境描写,多方面地展示人物的思想感情和性格特征,来广泛而深刻地反映社会生活。小说根据篇幅的长短和结构的特点分为短篇小说、中篇小说和长篇小说。

一般来说,小说由5部分组成:一是叙述,就是交代性文字;二是描写,这里主要指的是场面的描写,场面描写往往构成人们常常谈到的细节;三是对话,小说离不开写人物,写人物又往往离不开写对话,因而对话也是构成细节的一个重要因素;四是心理描写,这种描写与第二种描写手段的不同在于,前者是写外部形态,后者是写内心世界;五是抒情与议论,或由作者自己出面,或借人物之口发表自己的见解和情感。

我们在读小说时,常被作家叙述过程中所塑造的各种人物形象深深地打动,引起心中的共鸣,注意的是小说的故事情节以及发展线索、富有悬念的故事情节,而往往不会特别在意以上所说的那些组成部分。应该注意的是,读小说不要仅仅满足于阅读故事情节,因为只停留在知晓情节的浅层次是不够的。我们在阅读小说的过程中,要始终注意抓住人物形象的阅读与理解。我们知道,小说是以塑造艺术形象来反映现实生活、表现人物精神世界的一种文学类型。阅读小说要学会鉴赏,把通过语言艺术刻画出来的艺术形象的理解放在重要位置。我们可以通过小说中的语言来认识作品中的人物形象,认识生活,理解人生,进而受到美的陶冶和思想的启迪。中外文学名著中的艺术形象如诸葛亮、宋江、贾宝玉、保尔·柯察金,等等,一个个都是那么栩栩如生、光彩照人,显示出作家丰厚的艺术底蕴。孩子们一定要记住,读小说,不抓住人物形象,就没有抓到关键。我们要在阅读中去了解内容,感受人物形象;去发挥想象,在头脑中再现人物形象;去身临其境,理解人物形象。

阅读小说的过程,也是理清小说结构的过程。理清结构就是认识小说在刻画人物形象、表现人物精神面貌时,是怎样布局谋篇,怎样围绕和突出主题,评价它为什么这样布局谋篇的。小说的结构是多种多样的,有的以时间为线索,按事件的发生发展组织材料;有的以空间为线索,以地点转换为契机组织材料;有的以时间为经线、地点为纬线,经纬交织组织材料;有的单线前进,层层深入交代人事沧桑;有的复线缠绕,多头并进,显出错综复杂之美。

此外,阅读小说也要品味作者的写作技巧,小说重在人物形象描绘的技能技巧,描写典型环境的技能技巧。品味作者的文学语言,文学语言是语言的精品。我们只有在大量的阅读中,才能渐渐辨别不同作家各自不同的语言风格。有的婉转曲达,巧比妙喻;有的视听通感,化静为动;有的映衬点染,随物赋形;有的淡雅见长,语出天然;有的精雕细刻,不留痕迹;有的挥洒

自如,汪洋恣肆;有的娓娓动听,涓涓若溪,等等。

如果要写好记叙文,就请孩子们一定要多读小说,去理解作家们是如何塑造人物形象,如何编织材料,如何使用文学语言的。

3.散文的阅读

了解散文写作上的特点,有助于提高欣赏散文的能力。散文最重要的一个特点就是"形散而神不散"。

除了小说、诗歌、剧本之外的文学作品,似乎都可以归入散文的范围。散文的种类繁多,有不少分类的方法。有的散文往往将叙事、抒情、议论融为一体,形式异常灵活,很难归类。一般来讲,散文的分类,常见的是以表达方式的不同来划分。侧重于写人记事的称为叙事散文,侧重于抒发作者感情的称为抒情散文,而侧重于说理议事的为议论散文。现代散文的分类更多,叙事、抒情、议论只是大的分类,具体的品种又有杂感、短评、小品、随笔、速写、通讯、游记、书信、日记、序跋、回忆录等。

我们阅读散文,要留意作者在作品中的立意。由于散文篇幅有限,不能像小说、戏剧那样对情节与人物性格展开充分的描写,所以散文作者总是在立意上下功夫,一篇好的散文总是以立意的新颖、精深,给读者以思想启迪和美感的享受。

除了在阅读中得到思想启迪和美感的享受之外,我们还要去体味作者在作品中的整体构思。对于一些散文名篇,我们更有必要去读出作者是如何以构思巧妙来取胜的。散文构思上的"巧",表现在谋篇布局上做到出人意料之外,又在情理之中,曲折委婉,引人入胜。"形散而神不散",可以说既是散文结构上的特点,又是散文构思的特点。我们在阅读散文的过程中,要学会抓住文章中使得"形散而神不散"的那条线索。正是散文的线索,联结了文章中看似散乱无序的材料,贯通了文章的脉络。找到了贯通文章脉络的线索,也就读懂了这篇散文。

有的散文是以实物为线索，有的散文是以时间的推移和转换为线索，这些在写景抒情和游记一类散文中是常用的，也有以思想认识和情感变化的过程做线索来组织材料的，这经常出现在哲理性的散文写作中。

散文，作为文学园地里的一朵奇葩，它的抒情、它的意境、它的联想、它的文采，都值得我们在阅读中去细细地品味。

随笔是一种文艺笔法和政论相结合的散文体裁，也称偶感、杂感、断想、笔记等。它是人们在工作、学习、生活和社会见闻中，不拘一格，随笔写出的以经历、情感、琐事、掌故等为主要题材，并在一定程度上映照出作者的人格、声音和色彩的文章。其特点是夹叙夹议，借事抒情；寓理于事，意味隽永；短小活泼，形式多样。随笔的写作，因小见大，表达出作者对生活的理性思考，给读者以启迪和教益。

正是由于随笔这些"夹叙夹议，借事抒情；寓理于事，意味隽永；短小活泼，形式多样"的特点，使不少阅读者都喜欢上了这种表现形式。

4.古文的阅读

我们现在阅读到的文字，不管是报纸还是书籍，用的都是现代文字，都属白话文。我们写的文字也是白话文，可要提高我们说话、写作的"含金量"，从古文当中学习那些富有表现力的凝重简练的语言，是不可少的。我们知道，像《红楼梦》、《三国演义》等名著，虽然都是用白话文写作的，但其中有许多精美的古文嵌于其中。许多文学名家的作品之所以让人们感到经典，也得益于他们古文的功底。

但孩子们往往会有这种感受，就是学古文很难。当然，古文毕竟跟现代文有很多差异，但学好古文的关键在于方法。方法得当，古文学起来也很有意思。

许多孩子阅读古文常常有个习惯，就是重译文，轻原文。在阅读时，往往一开始就喜欢找文章后面现成的白话译文对照着读，看一句原文，看一

句译文,以为译文都懂了,古文也学会了。由于不深入钻研原文,只了解文章的大意,结果许多字、词、句在原文处还能翻译得出,一换了地方,就不知所以然了。重译文、轻原文是本末倒置的做法,只会影响阅读效果。阅读古文要重原文,宁可慢一些,也要逐字、逐词、逐句地去理解原意。

另一个需要注意的地方就是,阅读古文不要只重虚词,忽略实词。有的人认为阅读古文最重要的是学习文言虚词,对文言实词往往重视不够。虚词在古文中虽然重要,实词的组合、语句的关联、句子的类型和语气,常常都是靠虚词来表达的,但文章的基本思想主要还是依靠实词来表达的。有人把实词比作造房子的砖头、木料,虚词比作水泥、石灰,砖头、木料靠水泥、石灰垒成墙、砌成壁,两者相辅相成。我们只有掌握了一定数量的文言实词,才能从根本上解决阅读古文的障碍。

阅读古文的另外一个重要方法是重视词汇。我们不要认为只要把文言文的语法学好了,阅读古文就没有问题了。其实不然,因为语法有很大的稳固性,它的变化不大。只学好语法,轻视词汇,是不能完全理解古文的。阅读古文必须通过熟读背诵,掌握大量的词汇,增强了语感,从而掌握了古文的一般规律和技巧才行。我们学习古文不能像学外语那样词汇、语法并重。外语的语法和汉语的语法差别很大,而现代汉语和古代汉语的语法差别不大,因此我们学习古文虽然不要忽略语法,可学习的重点还是应该放在词汇的积累上,特别要重视词义的古今异同以及古文在现代文中的活学活用。

阅读古文还要诗歌散文并重。有些孩子在阅读古文时,常常凭兴趣出发,对待古文厚"此"薄"彼"。他们重视唐诗宋词,偏爱符合自己阅读口味的诗词,而对那些侧重于抽象思维或重在分析论证的古代散文往往缺乏兴趣,不愿意去阅读。当然每个人都有自己的阅读兴趣和爱好,对诗词歌赋表现出一些偏爱是可以理解的。然而,仅仅阅读一些唐诗宋词和元曲的韵文,

不利于提高我们全面阅读古文的能力。阅读古文要把阅读面扩大，读各种文体、各种题材的作品。

细节 25

找准孩子读书的最佳时间，提高阅读效率

办任何事，必须遵循事物本身的规律。阅读与时间的关系，体现了一定的规律。如果想实现高效阅读，不遵循阅读时间规律是不行的。

人的情绪、情感、意志是阅读心理结构中非常重要的动力因素。它自始至终制约着阅读活动及其质量与效果。当人的情绪、情感、意志处在积极自觉状态，思维、视觉、听觉、感觉等都会更灵敏，视力、记忆力、理解力也会大大增强。利用这一生理规律，合理安排阅读时间，便能取得较高的阅读效率。

那么怎样找准个人读书的最佳时间点呢？

有的人白天精神好，天一黑马上像泄了气的皮球，不管三七二十一，先爬上床大睡一觉再说。有的人习惯三更半夜不睡觉，是名副其实的夜猫子，越晚越精神振奋，白天反倒像只病猫，这种生理时钟与一般人相反的情形十分常见。其实大部分人的生活习惯都是相似的，有规律可循。

教育心得：
根据个人的生理特点找出可以让孩子达到最高效率的读书生理时间，这样才能达到最佳效果，所以尽量做多方面的尝试吧！

一天之中，人会有精神特别好与精神特别差的时段，同样读书一小时，如果精神足，效果就很好；如果精神萎靡，效率就会大减。经常保持充满干劲的精神状态，读起书来当然令人称心如意；但问题就在于谁都有"精神状态的好坏"。一天当中，最有精神的时间因人而不同，有时差别之大，犹如事情的两个极端，这大多与个人的生理时钟有很大的关系，父母必须依照该生理时钟安排最适合孩子、效率最高的时段来进行阅读。

总之，根据个人的生理特点找出可以让孩子达到最高效率的读书生理时间，这样才能达到最佳效果，所以尽量做多方面的尝试吧！所谓多方面的尝试，是说你可以将不同的时段混合运用，如晚饭后把今天阅读过的内容趁印象还清楚的时候回忆一遍，然后在八九点左右上床睡觉，早上三四点再起床读一些书（就寝和起床的时间亦可依个人需要而调整）。

混合时段的运用也是因人而异，不必强迫孩子，应找出一个最自然、最能符合生理时钟的时间。

另外，读书效率高的人都有一个共同的特点，那就是他们都懂得合理地分配与利用时间，劳逸结合，不迷信时间长久，也不把大量的时间浪费在娱乐上。在读书的时间管理上，父母应该懂得统筹运用，使时间得到最大限度地利用，从而使孩子得到较高的学习效率。

一个人一天究竟阅读多长时间效率最高，这就是我们要掌握的读书时间的最佳点。这个最佳点，实质上就是时间、效果与疲劳之间的转折点。它是一个变数，因人而异，因阅读内容、类型的不同而有别。在学习过程中，当你感到疲劳的时候，一般说就是从"最佳点"开始转折的时候，这种信号将告诉你应当立即变换花样去干另外的一件事，使脑子得到休息，使时间不至于"低耗"。

另外要记住以下 3 点，这是根据人的生理规律总结出的科学的时间安排方法。

首先,充足的睡眠必不可少。

根据研究显示:若想要合理地利用好孩子的大脑,那么每天至少应有 8 小时的睡眠,如有必要,也可以在中午休息半小时,这样孩子才能精力充沛地投入到下午的各种活动中去。

其次,给大脑补充足够的营养。

平时,用脑的时间不宜太长,而强度也不宜太大,父母应注意时时给孩子补充一些大脑需要的养分。尤其是在读书时间和强度明显偏大时,类似这样的营养补充更是不可缺少。例如,此时大脑对蛋白质、葡萄糖等的需求量会特别大,我们甚至可以毫不夸张地说:这些养分都是保证大脑正常运转的必备"燃料"。

最后,结合人体生理时钟的特点,合理地安排阅读内容。

众所皆知,清晨 5 点左右,人的大脑处于最活跃的状态,这时学习效率很高,最适宜晨读,或是记诵一些知识要点。

到了上午 10 点左右,孩子身体的各个器官处于最佳的状态,此时读书不容易感到疲劳,所以这段时间便是前面所提到的效率最佳的阅读时间。或许此说法会因人而异,但相信大多数人是这么认为的。同样地,下午 5 点钟左右,也具有这一阶段的特点。

中午 1 点左右是智力与体力最不支的时候,所以在这个时候要让孩子特别注意休息与饮食。而晚上 8~10 点,孩子的记忆力与逻辑思维能力最强,因此可以做一些记忆性或推理性的阅读。

作为父母,可以首先帮助孩子对其生理规律做一个诊断,看看他在何时的阅读效率最高,然后再让他依此合理地调整阅读时间。

细节26

注意用眼卫生，
保护好认识世界的"窗口"

教育心得：

一些不良的用眼习惯可能会导致近视、斜视等眼睛疾病，对孩子的未来造成重要的负面影响。眼睛如此重要，所以我们要时时告诫孩子——注意用眼卫生！

眼睛是人的视觉器官。外界物体的形态、颜色等都通过眼睛传入大脑，经过大脑的分析综合而产生视觉。眼睛是人们认识世界的"窗口"。特别是孩子们正处于长身体的重要阶段，一些不良的用眼习惯可能会导致近视、斜视等眼睛疾病，对孩子的未来造成重要的负面影响。眼睛如此重要，所以我们要时时告诫孩子——注意用眼卫生！

具体要注意下面几点：

1.不要长时间躺着看书

有些人喜欢长时间地躺在床上看书，这是一种不好的习惯。躺在床上看书，多是侧卧的，两只眼往往是斜视状态，加上光线不好，时间稍长，眼睛就会感到疲劳，两眼酸胀，日子一长，眼球就会发生变化，形成近视。

另外，人躺在床上，大脑活动力逐渐降低，中枢神经慢慢进入抑制状态，容易昏昏入睡。而看书却要进行一些思考活动，与躺在床上的生理状态发生对抗，容易使神经活动发生紊乱，造成神经衰弱等症状。

2.睡前看书要有选择

有些人喜欢睡觉之前看书,认为这样比较容易入睡,要不就翻来覆去睡不着。这个习惯好不好,不能一概而论。

人们的睡眠过程,首先是大脑的某一点产生抑制,抑制逐渐加深并扩散,直到波及全部大脑皮质。婴儿及儿童往往要听着父母的催眠曲,来回地晃动而入睡。这些单一的反复刺激,最后会使大脑的这一相应的部位进入抑制状态,并扩散至全部大脑皮质,最后进入睡眠状态。

一般说,看一些不使人兴奋激动、不需思索的书,特别是内容比较枯燥的书,常常有一定的"催眠"作用,大约几分钟或 10 多分钟就能入睡。由于时间较短,这样的睡前看书对身体健康一般说妨碍不大。

但是,如果睡前长时间看书,而且看的是情节紧张或惊险的小说、需要绞尽脑汁思考复杂问题的书,那么,在大脑皮层中引起兴奋,而久久进入不了抑制过程,就会使人失眠,或睡眠的质量不高。长期下去,就会影响身体健康。再说,睡眠时看书的体姿有损正常视力,更应倍加注意。

3.合理照明

注意看书光线。看书时的光线不能太强也不能太弱,更不能在阳光下。写字时光线最好来自左前方,以免手的阴影妨碍视线。

晚上看书,为使桌面上获得合理的照度,就要根据灯管(泡)的瓦数适当调整高度,使桌面照度达到 80 米烛光(1 米烛光即 1 烛光的光源照射于距光源 1 米的垂直平面上的照度)左右;不能在被窝里打着电筒看书。

4.眼睛与书本的距离要合适

眼睛和书本的距离保持在约 1 市尺左右比较合适,这样有利于睫状肌、晶状体的收缩和松弛,眼睛不容易疲劳。坐的姿势要端正,头要放正,背要挺直。看的书本字体不能太小,要与年龄相符合。

5.行走或乘车时不宜看书

行走或乘车时看书,对眼睛健康极为不利。因为在摇晃的环境中看书,光线忽强忽弱,眼睛和书本的距离忽远忽近,需要睫状肌和晶状体高速调节,不仅容易疲劳,导致视力低下,而且眼睛所看的东西移动太快,视网膜出现一个个模糊的影像,容易导致头昏眼花,甚至恶心呕吐。

6.注意眼睛的保健

看书1小时或1堂课后,远望是十分有益的。具体做法是:向远处凝视3分钟左右,然后闭眼大约1分钟,再睁大眼睛上下左右转动眼球。这样能调节眼神经功能,并使调节眼睛晶状体的肌肉得到休息,对保持良好的视力大有好处。如果远望绿色的树木和农作物更好,因为绿色不仅能吸收强光中对眼睛有害的紫外线,而且人体的神经系统、大脑皮质、眼睛视网膜对绿色最适应,会使大脑和眼睛得到充分休息。

除此之外,每天还可以做一次眼保健操,并且要持之以恒,不要三天打鱼,两天晒网。

定期视力检查。最好每隔半年检查一次视力,发现有近视,立即验光,配戴眼镜。另外需要指出的是,一旦有近视眼的小儿戴上了眼镜,千万不能脱脱戴戴,如读书、写字时戴上,玩时脱下,这样反而会使近视加深!

细节 27

不妨跟名人学学读书方法

当读完以下这些名家的读书方法后,相信您会让孩子把书读得更好。

老舍:"印象"法

老舍说:"我读书似乎只要求一点灵感。'印象甚佳'便是好书,我没工夫去细细分析它……'印象甚佳'有时候并不是全书的,而是书中的一段最入我的味;因为这一段使我对全书有了好感;其实这一段的美或者正足以破坏了全体的美,但是我不管;有一段叫我喜欢两天的,我就感谢不尽。"

徐特立:"日积月累"法

革命老前辈徐特立学《说文》的部首,共有 540 个字,一年才读完,每天只读两个字。他 40 多岁开始学外文,也是采用这种"日积月累"法,每天学一个单词,一年学了 365 个。凭着这种积少成多的方法、持之以恒的精神,他先后学会了法文、德文和俄文。

毛泽东:"见缝插针"法

毛主席自学外语十分刻苦,由于他的湖南口音重,有时要练几十遍甚至几百遍。他日理万机,公务繁忙,但每天一起床总要花上一个小时学外语,晚上躺在床上还要学一阵子。他还

教育心得:

良好的学习方法,将会使我们收到事半功倍的效果。追踪成功者读书方法的轨迹,不仅是有趣的,而且是富有启迪的。

把英文版的《矛盾论》放在身边,抽空就读。就是在旅途中他也专心学习外语。由于每天见缝插针地学习,到20世纪50年代,他就能阅读一般的英文书刊了。

鲁迅:"随便翻翻"法

鲁迅先生在他的一篇题为《随便翻翻》的文章中写道:"书在手头,不管它是什么,总要拿来翻一下,或者看一遍序目,或者读几页内容。"鲁迅的广博也应该说得益于他的"随便翻翻"。即读书须先浏览,选择重点,然后细读。因此,他在年轻时,除了规定的功课外,天文地理,花鸟虫鱼,无所不读。有一位日本科学家和鲁迅接触后,称赞鲁迅"什么都知道"。

吴晗:"摘记卡片"法

我国现代著名历史学家吴晗,擅长以渊博的历史知识和优美的文笔撰写文章,这笔力来自他独特的"摘记卡片"。几十年里,吴晗凡是遇到自己认为有价值的资料就摘记在卡片上,并按内容、性质分类保存。他做卡片的经验是:一张卡片只写一个内容,加上题目,注上类别,并写清楚资料来源,即作者、书名、页码等。

秦牧:"标记符号"法

当代著名作家秦牧是一个酷爱读书的人。读书时总是喜欢在书上圈圈、点点、画画,画上各种标记符号,以便日后查考。需要随时翻阅的书,他总是放在一个专用的书架上,这样便于查找。他说:"读过的书要在心里储藏起来,使它真正成为自己的精神财富。"

华罗庚:"厚薄"法

华罗庚主张:读书的第一步是"由薄到厚"。就是说,读书要扎扎实实,每个概念、定理都要追根求源、彻底清楚。这样一来,本来一本较薄的书,由于增加了不少内容,就变得"较厚"了,这是"由薄到厚"。这一步以后还有更为重要的一步,即在第一步的基础上能够分析归纳,抓住本质,把握

整体,做到融会贯通。经过这样认真分析,就会感到真正应该记住的东西并不多,这就是"由厚到薄"的一个过程,能够真正提高效率。

余秋雨:"畏友"读书法

散文家余秋雨提出:"应该着力寻找高于自己的'畏友',使阅读成为一种既亲切又需花费不少脑力的进取性活动。尽量减少与自己已有水平基本相同的阅读层面,乐于接受好书对自己的塑造。我们的书架上可能有各种不同等级的书,适于选做精读对象的,不应是那些我们可以俯视、平视的书,而应该是我们需要仰视的书。"

夏丏尊:"四面撒网"法

著名语言学家夏丏尊先生提倡过一种读书方法:把精读的文章或书籍作为出发点,然后向四面八方发散开来,由精读一篇文章带读许多书,有效地扩大自己的知识面。

夏丏尊先生列举阅读陶渊明的《桃花源记》为例:这篇文章是晋朝人写的,如果想知道这篇文章的地位和晋朝文学的情况,就可以去翻翻中国文学史;这篇文章体现了一种乌托邦思想,而英国的莫尔写过一本叫《乌托邦》的书,又可以对照起来读;这篇文章属于记叙文一类,如果想明白记叙文的格式,就可以去翻看有关记叙文写法的书;另外,如果想知道作者陶渊明的为人,还可以去翻《晋书·陶潜传》。如此这般,可以由读一本书引出一大串来。夏丏尊先生自己就是经常这样读的。

爱因斯坦:"一总、二分、三合"法

伟大的物理学家爱因斯坦总结出的"一总、二分、三合"读书法,可资借鉴。

一总:先浏览书的前言、后记、序等总述性部分,然后认真地读目录,以便概括地了解全书的结构、内容、要点和体系等,这样便可对全书有个总体印象。

二分：在读了目录后，先略读正文，这不需要逐字读，要着重对那些大小标题、画线、加点、黑体字或有特殊标记的句段进行阅读，这些往往是每节的关键所在。您可以根据这些来选择自己所需的内容来细读。

三合：就是在翻阅略读全书的基础上，对这本书已有个具体印象，这样再回过头来细读一遍目录和全书内容，并加以思考、综合，使其条理化、系统化，以弄清其内在联系，达到深化、提高的目的，进一步深入领会初读时所不能领会的许多东西。这一步很重要，人们往往在这一步不得要领，看过书一扔，便算了事。

朱熹："三到"法

凡是读书必须先要熟读，让里面的话都好像出自于我的嘴巴。进一步就仔细地思考，使它的意思好像都出自于自己心里所想的，然后可以有所心得。至于那些对于文章意思有疑惑的，大家的言论纷乱错杂的，就也要静下心来仔细思考，不要匆忙急促地在当中取舍。先把其中的一篇自己单独列为一说，顺着文章的思路去想，来验证它思路的通畅和阻塞，那么那些特别没有明显含义和道理的，不等到和其他的学说相比较，道理就已经自动屈服了。再用大家的言论互相诘问反驳，然后寻求它的道理的稳妥，来考证它的正确或错误，好像是对，其实是错的，也将被公众承认的说法所否定而不能成立。一般情况下慢慢地停下来看，处理静止状态，观察动态的，像攻击坚硬的木头，先攻击它容易的地方而再后攻击它的关键之处；像解开缠在一起的绳子，地方有所不通就暂且放在那儿慢点去处理它。这就是看书的方法。

凡是读书，必须先整理好读书用的桌子，使桌子干净平稳，把书册整齐地放在桌子上，让身体坐正，面对书册，仔细从容地看清书上的文字，仔细清楚地朗读文章。必须要读得每个字都很响亮，不可以读错一个字，不可以少读一个字，不可以多读一个字，不可以读颠倒一个字，不可以勉强硬记，

只要多读几遍,就自然而然顺口而出,即使时间久了也不会忘记。

古人说:"书读的遍数多了,它的意思自然会显现出来。"就是说书读得熟了,那么不依靠别人解释说明,自然就会明白它的意思了。我曾经说过:读书有三到,叫做心到、眼到、口到。心思不在书本上,那么眼睛就不会仔细看,心和眼既然不专心一意,却只是随随便便地读,那一定不能记住,即使记住了也不能长久。三到之中,心到最要紧。心已经到了,眼、口难道会不到吗?

第五章

好的读书习惯一经养成，书就会成为孩子最知心的朋友

读书可以让孩子知道大千世界的精彩，扩大他的知识面；读书可以丰富孩子的语言，保证以后写作文有话可说；读书能让孩子成为内心丰富、精神乐足之人……能让孩子养成读书的习惯将是孩子一生最大的财富，但这个习惯的养成是一个漫长的过程，需要家长付出一份爱心、一份耐心和一份恒心。

细节28

培养孩子良好
阅读习惯的五个方法

教育心得:

　　好的读书习惯一经养成,它就会像吃饭睡觉一样成为生活中最自然的事情。天长日久,书会成为孩子最知心的朋友。

　　让孩子养成良好的阅读习惯,是许多家长关心的。读书,与其说是一种爱好,不如说是一种习惯。但关键在于怎样使孩子形成良好的读书习惯呢?先来看一看下面这个例子,您是否也担心过会出现这样的问题呢:

　　王思快小学毕业了。她在学校成绩中上等,但口头表达能力较强,非常惹人喜爱,亲朋好友都夸她聪明。可是王思的父母却心存忧虑,因为王思喜欢和电视相伴,平时从不读书;还说读书不如看电视,看电视也可以长知识。

　　王思的爸爸妈妈担心长此以往,孩子清晰表达思想的能力得不到开发和培养。一些专家也担心,现在的孩子,课外阅读的范围越来越窄,能用于课外阅读的时间也越来越少,很多人已经丧失了阅读文学名著的兴趣和欲望,而与课程和考试无关的书,他们更是难有机会涉猎。这是一个令人担忧,也多少使人感到悲哀的现象。

　　实际上,伴随着电子产品(尤其是网络)长大的孩子,他们不但阅读时间和阅读范围日益减少,而且他们的阅读兴趣也

156

随着"读图时代"的来临而减弱，许多孩子甚至养成了排斥文字的坏习惯。他们的课余时间被影像产品、电子游戏和卡通占据着，文字在他们的阅读中只是一种点缀。

这是高科技所带来的一种普遍现象，人们对文字的冷漠已随处可见。据盖洛普公司调查显示：1999 年，只有 7% 的美国人每周阅读一本或一本以上的书。59% 的被采访者声称，他们读书是偶尔发生的事情。美国生物学家佩莱格里尼针对这一现象解释说："电脑加上电影、录像带和电视等其他非文字主流传媒，使人们无须阅读便能获取大量信息，是它们加快了人们阅读技能的萎缩速度。"

很多教育专家呼吁："孩子对文字的冷漠态度就像一种隐形液体，正慢慢渗透到社会之中。当逃避阅读成为习惯，孩子的阅读能力便迅速退化，从而直接影响他们的成长。"

某文章曾提到："只要留心，人们就会发现，如今两三岁的孩子简直都是'古怪精灵'，一张小嘴表达能力特强。教育学家认为，这是电视中的大量信息对儿童刺激的结果，电视使他们的语言能力得到开发。但奇怪的是，这些孩子长到十几岁时却大多归于平庸，读写能力尤差，比如前段时间传出的某次全国性考试，有的孩子面对考题无话可写，竟然引用某电影里的台词！教育学家认为，清晰表达思想的能力，必须通过大量的阅读才能获得，而电视无法培养人们的这种能力。在与电视'依存'的日子里，人们养成了一种远离书籍的坏习惯，就像与一位朋友在一起待久了，他的坏毛病会传染你一样。"

今天的家长们，哪个不想让孩子读些好书呢？哪个不希望孩子有一个好的读书习惯呢？苏联著名的教育学家苏霍姆林斯基说："30 年的经验使我深信，孩子的智力发展，取决于良好的阅读能力。阅读的技能就是掌握知识的技能。"那么，作为家长，应该怎样培养孩子良好的阅读习惯呢？下面就为

家长们介绍几种方法：

1.创设良好的家庭读书条件

一个家庭有没有书，孩子是不是经常能接触到书，这与孩子是不是喜欢阅读有着很大的关系。如果条件允许，家长应不嫌"汗牛充栋"，只要是对孩子阅读有益的书籍，先买好，放在孩子每日能见到的地方。天长日久，孩子每天所见都是书，随意翻翻，慢慢就会对书籍产生兴趣。

2.家长要成为孩子读书的伙伴

身教重于言教，只有热爱读书的家长才能培养出爱读书的孩子。家长首先要喜爱阅读，懂得阅读的方法，了解书籍的内容，这样才能指导孩子阅读，用自己的行为潜移默化地带动孩子喜欢阅读。培养孩子养成阅读习惯的初期，最重要的是要多读文章给孩子听，这样不仅可以延长孩子有意注意的时间，增加孩子的识字量，激发孩子的想象力，促进他们的情感发育，更重要的是可以培养他们读书的兴趣，从而使孩子自觉自愿地去读书。对于这一点，美国著名教育家吉姆认为：读书给孩子听的作用"仅次于拥抱"，在这样的"拥抱"下，孩子的读书兴趣上来了，热情高涨了，慢慢地，他们对读书的态度就变成了"我要读"。

英国文学史上颇具传奇色彩的勃朗特三姐妹，她们之所以能写出蜚声世界的经典文学巨著，这与她们小时候的阅读习惯密不可分。她们的父母常常陪她们阅读，排遣漫长的冬夜。她们围坐在熊熊的炉火前，共同阅读优美、抒情的文字。春暖花开的时候，她们经常聚集在野外，朗诵自己或别人的诗作。文学的种子自此就深埋在她们的心底。这正是她们能写出《简·爱》和《呼啸山庄》的源泉。

著名的理论物理学家、北京大学哲学系教授何祚庥曾经说到他小时候母亲陪他读书的故事："我们小时候念书的时候，就是我母亲陪着我们念书，小孩子念书没有那么上进，妈妈坐在旁边陪着念的话，劲头就足一点,这是原因之一。非常重要的一点是,她陪了一阵以后,我们都养成了自己读书的习惯。我们就是在母亲的培养下、推动下,培养起了学习知识的兴趣。学语文很有趣,学数学也很有趣。我的数学学起来不费力,有人表扬我的数学学得好,我的劲儿就特足。练写字,母亲带头写,我们跟着写;母亲带头读书,我们跟着读。"何老感慨地说:"父母的早期教育的确很重要,带头很重要,鼓励更重要。"

3.调动孩子的阅读兴趣

(1)悬念调动法。在读书时,留下悬念给孩子。听家长读了精彩的文章,却缺少结尾,悬而未决的情节催促孩子自己急切地去寻找问题的答案,慢慢地他会挣脱家长的扶持,自己自由地畅游于书海,寻求他的精神家园。

(2)故事梗概法。家长先把故事的大意讲给孩子听,引导孩子进行阅读。例如引导孩子阅读笛福著的《鲁滨逊漂流记》。事先,家长将故事的大致内容简单地向孩子介绍,孩子听了有趣,就会自己去阅读此书了。

(3)电视辅助法。社会上流行的电视剧往往会对孩子的阅读造成相当大的影响,家长如能抓住机会,因势利导,趁机向孩子介绍相应的读物,孩子阅读的兴趣会比较大。例如《水浒传》播出后,在社会上引起了较大的反响,对孩子们也产生了较大的冲击,他们常常讨论剧情的发展。针对这种现象,家长和孩子一起读《水浒》,谈谈一百零八将,孩子们边读边思,边读边议,会收到良好的效果。

4.让孩子们在阅读文字的过程中感受到文字的非凡魅力

因特网虽然模糊了时空的界限,让我们的生活更加便捷,但是,对文字的疏远,必然会让我们失去欣赏文字所蕴藏着的深沉的魅力的机会。电子产品和书籍的最大不同在于:电子阅读物缺少了一种富有质感的触摸感,而纸质阅读物则具有一种令人备感踏实的亲和力。当你静心阅读,以平和的心态在字里行间徜徉,你就能发现你已经不知不觉走进了一座迷人的宫

殿,那里面的奇幻,会使你流连忘返。

5.一起制订阅读计划,指导孩子阅读文学经典

孩子的阅读习惯应从识字开始,随着孩子识字能力的提高,家长就需要有意识地指导孩子阅读,在全面了解孩子的阅读兴趣的基础上,和孩子一起制订阅读计划。古今中外的文学经典,自然是孩子阅读的首选。让孩子们的心灵与大师们交流、碰撞,让他们深切地感受到文字里所蕴藏着的瑰宝。

细节29

培养孩子有效管理自我的习惯

教育心得:

自制力差的孩子不但读书不能静下心来,而且不会控制自己的情绪,照顾不好自己的起居生活,不能合理支配时间,对学习和生活缺乏合理的安排。纠正孩子这种坏习惯需要长期的过程。

"我儿子今年10岁了,可一点自制力都没有,一件事从来没能从头做到尾过。拿起一本书,还没翻几页,就扔到了一边;有时候就是胡乱翻到尾,合上书就跑到电视机跟前了。这哪行啊!"小军的妈妈苦恼地说。

"是啊。我的女儿也是如此,都上初中了,我给她买了那么多书来让她学习。刚开始还行,由于好奇,还能读进去几本,可后来就不行了。每次看了不到半个小时就坐不住了,一会儿去喝水,一会儿去吃东西,一会儿又上厕所,反正总是找各种理由不念书。在学校也是这样,总挨老师批评。她自己也很苦恼,读书的兴趣大大地减退了。这孩子的自制力怎么这么差呢?"芳芳的妈妈说。

自制力缺乏是现在独生子女的一种普遍现象。孩子自制力差有很多原因,如外部的诱惑太多,或早年没形成有始有终的良好习惯等。自制力差的不好习惯会随着年龄的增加逐渐积累,而且会越来越难改正。自制力差的孩子不但读书不能静下心来,而且不会控制自己的情绪,照顾不好自己的起居生活,不能合理支配时间,对学习和生活缺乏合理的安排。

孩子自制力差的习惯是多种因素和长时间累积的结果,所以纠正孩子的这种坏习惯也需要长期的过程。

建议家长做到以下几点:

1.把长远的目标具体化,增强它们的激励性

心理学研究表明,人很容易受短期的、比较具体和明确的强化物所左右,而不容易受遥远的、比较抽象和模糊的东西所影响。读书虽然有益处,可能涉及孩子未来的前途和发展,可对孩子而言,毕竟是比较遥远和抽象的;而看电视、吃零食之类的事情是一种十分明确的诱惑,可使孩子获得即时的满足,因此孩子常常不能抗拒后者的吸引。为此,就特别需要父母想办法,把一些长远的目标具体化,增强它们的激励性。如给予适当的奖惩,当孩子能坚持专心地读书时,家长可给予看半小时动画片的奖励;如果孩子不能保证按时按量读书时,家长可以用减少零用钱来以示惩罚。当然奖惩办法要与孩子共同协商决定,得到孩子的认可。

2.减少干扰因素的影响

当孩子安心做一件事时,父母不应随意打断他而让他做另外的事。但在完成一小部分阅读内容后,可以让孩子休息一会儿,吃点好吃的,聊一聊读书心得,听听歌曲,做做运动,以此来作为孩子完成一项阶段性任务的间歇,而不至于使孩子的学习太乏味。

3.设法使孩子集中精力干一件事

家长要注意孩子在平时的表现,当孩子做事不彻底时,要鼓励他把事

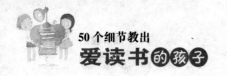

情做完。不管是在孩子玩游戏还是读书时,都不要把所有的玩具和书籍一股脑儿摊在孩子面前,以免分散孩子的注意力。

4.丰富孩子的经验,培养孩子的兴趣

从孩子感兴趣的事情中选出一项让孩子坚持下去。因为孩子的经验不足,感兴趣的东西有限,所以要尽量让孩子多接触新事物,从中培养孩子的兴趣。兴趣是最好的老师,孩子感兴趣才有可能坚持下去。

5.努力成为孩子的伙伴

父母要常常鼓励孩子,经常和孩子倾心交谈,让孩子知道你一直关心他、爱他,从而使孩子产生做事的积极性。如果父母对孩子努力做的事不闻不问,这样就会使孩子感到失望,而放弃手中的事。

我国著名数学家陈景润小时候酷爱读书,被伙伴们称为书呆子。伙伴们一天到晚在外边玩,陈景润则不一样。他也和伙伴们到池塘玩,但玩一阵子,便回家读书。同学们有时边读书,边讨论、打闹。陈景润一读书便十分专注,周围的声音很少能干扰他。

其实,陈景润这样做并不是有意约束自己,而是从小养成了良好的读书习惯。他到时间不读书,会觉得少点什么,无论坐在哪里,顺手都拿起本书来读。读书和求知成了他生命的一部分,这种良好的学习习惯帮助陈景润顺利地掌握着文化知识,并以优异的成绩读完小学、中学,考上大学。而小伙伴们,大多中学没毕业便辍学了。

许多名人的成功规律都表明,从幼儿园到初中,是一个人养成良好的学习习惯的重要时期。这一时期,如果能够养成良好的学习习惯,则孩子今后的学习会事半功倍。所以,家长应从现在做起,做好长期训练的准备和预备一个可行的计划,尽快地培养起孩子自我管理的习惯。

细节 30

培养孩子阅读必有计划、阅读必照计划的好习惯

我们都知道,无论是学习还是工作,如果处于无计划的、被动的状态,那必然是低效率的,甚至是无效的。有了计划,争得了主动权,胜利也就有了把握,阅读的情况也是这样。

漫无边际地胡乱阅读,终其一生也很难有所建树,甚至会在一望无际的书海中搁浅、翻船。恩格斯曾一针见血地指出:"无计划地读书简直是荒唐。"所以,应养成阅读必有计划、阅读必照计划的好习惯。辅导孩子拟订一个切实可行的阅读计划,从孩子的实际情况出发,让孩子踏踏实实地去做,这就是主动性的表现,提高孩子阅读的水平与能力就有了保证。

拟订阅读计划有许多好处。要拟订一份切实可行的阅读计划,就得对孩子的阅读情况做一次比较全面的了解与分析,这实际上是一次对孩子学习语文,特别是阅读方面的系统的回顾和小结。通过评估,可以让孩子发现在阅读方面尚有哪些不足之处,让努力变得有方向。

拟订一份切实可行的阅读计划可以随时督促孩子实施和执行,便于孩子自我约束。一般来讲,计划无论是长期的还是

教育心得:

恩格斯曾一针见血地指出:"无计划地读书简直是荒唐。"漫无边际地胡乱阅读,终其一生也很难有所建树,甚至会在一望无际的书海中搁浅、翻船。

短期的,都有一个明确的周期。按计划阅读有助于养成良好的读书习惯,形成勤奋踏实的学习态度,而这些正是孩子学好语文、提高阅读能力的重要条件。

有了阅读计划也就有了明确的进取目标,同时也有了逐步提高的阶梯,这样循序渐进,便会有所得。有了目标意识,阅读训练也就有了合理的序列,能力的提高就能拾级而上。

那么怎样拟订阅读计划呢?

拟订阅读计划,必须了解孩子的真实水平,让孩子从实际出发,确定目标,订出具体措施,写出完成计划的大体时间。

首先对孩子的阅读水平和能力现状有一个实事求是的评价,做到几个"心中有底":孩子在阅读方面的薄弱环节在哪里;孩子准备选择什么作为提高阅读水平的突破口;孩子打算通过怎样一个周期希望达到怎样的目标。心中有了底,计划就能订得切切实实。

明确阅读目标。语文教学大纲对孩子的阅读是有明确要求的,还有分年级的要求,能够让孩子尽最大努力达到大纲所规定的要求,应该是制订阅读计划的目标。但是大纲所提出的只是一般性的要求,根据孩子的情况应该扬长补短。扬长,就是发展孩子现有的长处,争取超过大纲规定的一般要求;补短,就是弥补孩子目前的短处,争取达到大纲规定的要求。

措施要落实。计划不是决心书,不能仅仅停留于表面上,侧重点要落在订出各项具体的措施上,如采取什么手段落实阅读量,用什么方法来提高孩子的阅读质量,要制订出实现目标所需要的种种相配套的实施方案。实施方案要有可操作性,计划的条理要清晰,并能随时对照执行。

计划中的时间安排要清清楚楚,什么时间内做什么事情,什么时候完成什么进度,什么时候达到计划所指定的目标。既要有整体的时间安排,又要有分步骤的阶段要求。这样,所预定的计划才不至于落空。

同时，拟订阅读计划中要注意几个问题：

目标要合理。制订的目标不能太低，太低就不能促使孩子奋进；但也不能太高，好高骛远，可望不可及，一旦计划难以实现，反而会影响孩子的积极性。最合理的目标是：必须在孩子原来的基础上有明显的提高，并且是经过一段时间的努力可以达到的。此外，所订的目标要具体，不妨将总体的目标分解为阅读数量的目标、阅读种类的目标、阅读能力层次要求的目标。例如阅读能力层次的目标又可分解为在整体阅读方面、比较阅读方面、赏析阅读方面乃至于研究性阅读方面各准备达到什么程度。没有合理的目标，计划就很可能成为一纸难以捉摸、不大好检查的空文。

方法与措施要符合阅读的认识规律。阅读能力的提高总是逐步的，计划中的方法与措施要有坡度，如由少而多，由浅入深，由易到难，由单项到综合；大体上要做到循序渐进。要注意阅读中的方法措施都要切实可行。

注意课内外的结合。阅读重在积累，计划熟读课本中的一些范文和一些精彩的片段固然重要，但更要努力扩展孩子的阅读面，注意由课内向课外延伸。孩子的课外阅读往往偏重于文艺作品，这一倾向要努力克服，阅读应广泛一些，提倡读一些现代科技读物和政治读物。课内是有限的，课外是无限的，博览群书，广泛地积累知识，对思想、感情、品质、意志，都会产生重大的影响。怎样把课内的阅读与课外的阅读结合起来，是父母在辅导孩子制订阅读计划时必须认真考虑的问题。

在众多优秀的书籍当中，东读一本，西读半册，获得的知识只能是一鳞半爪，毫无体系可言，虽然也可获益，但是事倍而功半。如果有计划地读书，明晰先读哪本书，后读哪本书，不致眉毛胡子乱抓一气，往往能够起到事半功倍的效果。

在制订读书计划的时候，要注意把各个方面的相关优秀书籍列入孩子的阅读范围，不能仅仅限于他自己感兴趣的范围和领域。如果只是专注某

一方面的书籍,就会把孩子的视野和思维圈于一个非常狭小的空间,失去了广阔的知识海洋。要完善自己的知识体系、健全孩子的人格,就要广泛涉猎各方面的书籍,正如培根所说:"读史使人明智,读诗使人聪慧,演算使人精密,哲理使人深刻,伦理学使人有修养,逻辑修辞使人善辩。总之,知识能塑造人的性格。"

所列的书籍有的当然是需要仔细阅读、精心研究的,如唐诗、宋词、《红楼梦》等一系列有着深厚文化内涵的文化典籍。其中的文字虽言有尽而意无穷,需要认真揣摩,而且有些精彩的段落要会背诵。但有些书籍并不需要读原著,有些书只需泛读以获取轮廓梗概、大框架、大线索的了解,或只需要进行摘要性的阅读,或者阅读他人的读书心得。

具体到阅读每一本书也要有计划性,譬如,合理地确定每天读多少页,或者是多久读完一本书。读完一本书,不要接着马上读下一本,要回想一下自己从这本书中获得了哪些有益的东西,最好的方法是写一篇读后感。

宋代尤袤形容读书:"饥读之以当肉,寒读之以当裘,孤寂而读之以当朋友,幽忧而读之以当金石琴瑟也。"要想体会到这般妙处,赶快和孩子一起列出一个科学的读书计划吧。

人的精力是有限的,而浩瀚的书海是无涯的,这两者之间的矛盾决定了读书要有计划,不能毫无目的地乱读一气。

细节 ③

帮助孩子从小养成合理
有效地利用时间阅读的习惯

著名作家伏尔泰有一段经典的话:"最长的莫过于时间,因为它无穷无尽;最短的也莫过于时间,因为他们所有的计划都来不及完成;在等待的人看来,时间是最慢的;在玩乐的人看来,时间是最快的;它可以无穷地扩展,也可以无限地分割;当时谁都不加重视,过后都表示惋惜;没有它,什么事都做不成;不值得后世纪念的,它就令人忘怀;伟大的,它就使他们永垂不朽。"

时间如此宝贵,又如此易逝,所以,我们既要珍惜时间,也要学会合理地去安排时间,两者都不可轻视,才可能事半功倍。凡是善于读书的人,无一不是利用时间的能手。

对于孩子读书而言,如果不从小教会他们合理有效地利用时间,那么对他们阅读的效率和效果都将产生不利的影响。应该如何教孩子有效地利用时间呢?

1.帮孩子养成利用零碎时间读书的好习惯

让孩子养成利用零碎时间的习惯。随手拿本书,是一件很容易的事,困难的是常常没有时间阅读。家长常常埋怨孩子到学校里就是上课,回到家里就是做功课,没完没了的功课,哪还有看书的时间?错了,孩子若想读书,时间总是有的。

教育心得:

对孩子而言,玩是最大的享受。家长应让孩子利用零碎的时间习惯随手拿本书,并且能喜欢上这本随手拿来的书。

东汉学者董遇，幼时双亲去世，他好学不倦，利用一切可以利用的时间来读书。他曾经说："我是利用'三余'来读书的。""三余"，即"冬者岁之余，夜者日之余，阴雨者晴之余"。也就是说在冬闲、晚上、阴雨天不能外出劳作的时候，他都用来读书，这样日积月累，终有所成。

英国著名政治家伯特·莫里森，只受过小学教育，但勤奋好学，立志通过读书进行自我教育，后来终于成才，成为英国工党领袖，一度代理过首相职务。他说，他的读书方法靠"两找"，一是拼命找时间读，二是拼命找地方读。每天清晨，提早1小时起身，争取多一点时间读书。上班途中，设法在公共汽车上读、在火车上读，他就这样争取了不少读书时间。

达尔文说："我从来不认为半小时是微不足道的很小的一段时间。""我完成工作的方法，就是爱惜每一分钟。"我国著名数学家华罗庚教授，也是巧用零碎时间、善于安排时间而成就大学问的典范。他说过："善于利用零星时间的人，才会做出更大的成绩来。"

时间是从生活里挤出来的，您不难发现我们的生活里其实有很多零碎的时间可以利用。您不妨提醒孩子随手拿本书，利用这些零碎的时间阅读，孩子会渐渐变得很儒雅。

生活里总是有很多"等待"的时间。特别是目前的交通状况不是很理想，我们常常会碰到"等待"，特殊情况下可能要等很长的时间。干瞪着手表、来回踱步，不仅让人焦躁不安，还会让时间从指缝中溜走，让人气急败坏。那么，何不利用这些"等待"的时间看看书呢？让您的孩子出门随手拿本书，既打发了时间，又增加了知识，何乐而不为？

有很多人都喜欢利用上厕所的时间看书，这也是一个非常好的习惯。古人尚有"枕上、厕上、马上"，况且我们呢！让孩子把一直想看但是没时间看的书，放在床头或者写字台上，这样一来，只要有空就可以随手拿来阅之，上床休息时也可以随手翻翻，出门时也可以随手拿一本放在书包里。这样就

使孩子充分地利用了时间,让孩子养成了随身携带书籍的好习惯。

另外,您在利用这些零碎时间的时候,要有一种积极的心态,不要想"只有5分钟了,什么也干不成",而是要想"还有5分钟,要充分利用它"。

2.帮孩子养成每天固定读书时间的习惯

为了提高孩子的阅读效率,我们要帮孩子养成每天固定读书时间的习惯。每天除了吃饭、睡觉、上学、工作以外,我们要让孩子再抽出一个固定的时间来阅读。

法国杰出思想家圣西门,15岁时就立志勤读。他叮嘱家人,每日清晨必须把他唤醒,并对他高呼这样的警语:"克劳德先生,起来读书吧,伟大的事业在等着你!"他就这样自励勤读,事业终于有成。

我们在前面也讲过,要抽出时间陪孩子阅读,让孩子养成一个良好的阅读习惯。现在我们依然建议您陪孩子阅读,建立一个"学习型家庭"。首先要定好时间、地点。时间最好定在晚饭过后的"黄金段",因为这段时间大部分家庭都是在电视机前度过,我们不妨利用这段时间来看书,这样既不影响作息时间,也不影响孩子做功课的时间,而且很有意义。地点最好选在书房,这样气氛会比较好。

美国效率研究专家指出,人们集中精力的最佳时限为25分钟,超出此限,精力就不易集中。每天要抽出很长时间来阅读或许会很困难,但仅仅抽出25分钟并不会困难,就是在最忙的一天内,相信人们也能抽出25分钟的时间来阅读。因此,如果每天在最合适的时间安排25分钟阅读,是最有成效的。据测,25分钟可阅读普通读物20页,两周可读一册,一年可读25册。这个数量对孩子来说,完全可能做到,也是必要的。

3.让孩子学会利用网络阅读

网络在今天已经不再是一个陌生的东西,人们在网上聊天、购物、查找资料、找工作……几乎一切都可以在网上进行。一台机器,连接上千万个

点,甚至遍布全球。它的快速和神奇已经被引入课堂。网络的多媒体特质将对人类的感性认识产生巨大的影响,从而逐步改变人们接受教育的形式,进而影响整个人类社会的教育功能。

互联网正改变着一切。父母该如何引导孩子利用网络这个工具学会在网上查阅和阅读呢?

图书馆是个积累经验及智慧的场所,相信许多人都有过上图书馆查找资料的经验,如果某本书正被人查阅,其他人便不能同时分享。如果将图书馆的馆藏上网,便在网上形成一个数字化图书馆。数字化图书馆比传统图书馆更丰富、更便捷、更安全、更具久远的价值。当信息转化为便于网络共享的数字化多媒体形式后,资料将不再只是散布于各地的图书馆,而是永久保存在网络电脑的储存媒体中。如此一来,不必接触原稿,即可直接从网络上进行资料传递与查询,从电脑屏幕上获得所需信息。而这些宝贵的材料,也将由世界上其他图书馆共享,或由多人同时阅览。目前,国内许多图书馆已实现了初步数字化,可供读者上网阅读部分馆藏,查询书目。了解了一些主要图书馆及其相关的网址,便可引导孩子逛网上图书馆了。

逛书店是现代人生活中不可缺少的。如果您了解网上书店,就能很好地指导孩子逛网上书店,并在网上购书。网上购书付款方式灵活多样,可用信用卡、汇款、货到付款等方式。还可将有关的信息下载、打印,慢慢阅读,买与不买无所谓。

利用搜索引擎,还可以搜索到更多的网上书店信息。这样,足不出户就可以让孩子博览群书,开阔眼界。

4.按时间规律安排阅读

教孩子树立科学的时间观。古今中外许多专家学者都阐述过对时间的看法,从不同角度揭示了时间的真谛。他们认为,时间是世界上最稀有、最珍贵并且是独一无二的资源。比如说,"时间就是金钱"、"时间就是财富"、

"时间就是一切"、"一寸光阴一寸金,寸金难买寸光阴"。西班牙著名作家塞万提斯说:"时间像奔腾澎湃的急流,它一去不复返。" 大作家托尔斯泰说:"你没有最有效地使用而把它放过的那一小时,是一去永不回了。"但也有人把时间看成是一个常数或变数。时间是个常数,它公平地给每个人每天 24 小时。雷巴柯夫说:"时间是个常数,但对勤奋者说来,是个变数。用'分'来计算时间的人,比用'时'来计算时间的人,时间多 59 倍。"也有人认为时间是永恒的,比如挪威戏剧家易卜生说过:"时间会消逝吗?消逝的是我们自己,其实时间永远是停滞着的。"

细节 32

鼓励孩子读杂书, 培养孩子读杂书的习惯

读书不要单一,就像每天吃饭不能光吃土豆一样。身体需要各种各样的营养元素,我们的知识结构也需要通过阅读不同类型的书籍来充实。读书单一势必造成知识浅显、结构单一。

有这样一个例子:

在某中学,有一位学生王伟,进校时成绩优异。但他本人只在乎课本里的东西,其他的知识一概不去过问,知识体系单一,导致其学习成绩渐渐下降。虽然他学习努力刻苦,但还是未能摆脱高考失败的命运。而班内另一名同学徐亮,喜欢读杂

教育心得:

一个人能有意识地去读杂书,就说明他对知识有着强烈的渴求欲望,这也是要求上进的体现。在对自己知识储备不满足的情况下,应当根据自身情况来选择书籍,培养良好的读杂书习惯,会使你的阅历不断增长。

书,并且能把课外的东西应用于课内,学习成绩稳定,成为"千军万马"中的胜利者。

从这个例子可以看出:我们在阅读过程中都会遇到这个问题——该不该读杂书。其实读杂书可以丰富一个人的阅历,扩充知识面。在读杂书的过程中,是应该有很大收获的。据2001年全国中学生调查结果表明,在中学生中能坚持读杂书的同学只有8.32%,当然整天沉沦在武侠、凶杀、暴力的学生除外。仅有的这部分同学,他们平时成绩都很不错。由此看出,读杂书是一种可以养成的习惯。这样的习惯可以使你学到更多的东西,同时,也会让同学在日常学习中受益。

培根曾经说过,当你孤独时,读书可以作为消遣;当你高谈阔论时,读书可以作为装潢;当你处世行事时,正确运用知识就意味着力量。一个人能有意识地去读杂书,就说明他对知识有着强烈的渴求欲望,这也是要求上进的体现。在对自己知识储备不满足的情况下,应当根据自身情况来选择书籍,培养良好的读杂书习惯,会使孩子的阅历不断增长。

古今中外的名人志士,大都有着良好的读杂书习惯,而且他们对杂书的需求量,不管从数量上还是从种类上看都是惊人的。毛泽东从少年到晚年,都未间断过读书。就是在他不断地充实自己的情况下,成就了一位伟大的思想家、革命家和领导者。同时,在文坛也树立起了一面高扬的旗帜。拿破仑在少年时专心苦读,凭自己所学到的东西,从一个平凡的炮兵练就成一名驰骋沙场的优秀的军事指挥家。这样的例子数不胜数。

歌德曾这样说过:"读一本好书就是和许多高尚的人谈话。"一本好书,绝对是一位出色的教师,有谁会拒绝"一位出色的教师"和"许多高尚的人"呢?鲁迅说过这样的话:"我读杂书,有时甚至比正书还有劲,杂书中的笔记,我是手不释卷,午梦初回,清斋寂会,及至入睡之前,真仿佛是一席清谈,处处悠然了。"著名的教育学家叶圣陶先生说过:"教育是什么,往简单

方面说,只有一句话,就是养成良好的读书习惯,读书,随时要读。"

当然,我们在读杂书时,应当有目的性,自己在哪个方面有欠缺,自己在哪个方面知识不到位,那么就选择自己需要的书籍去读。在一次考试中,有一道关于《水浒》人物的题。班中能做出答案的只有区区两名同学,这两名同学也正是平时有着良好的读杂书习惯的同学。不可否认地说,读杂书会让你受益匪浅。"书到用时方恨少"的道理在这时已经很明了了。那么,从现在开始养成这样一种习惯,何乐而不为呢?其实,一个人并不要求上通天文,下知地理,更不苛求天上的知一半,地上的全知。但懂得中华乃至世界的文明发展史是非常必要的。这就要求多读书,读杂书。书读得越多,你的文化背景知识就越广阔,文化底蕴就越深厚。记住古人的话:"勤于读书,逸于作文。"

然而,孩子毕竟是孩子,他们还很年轻,对书的判别还会出现这样或那样的问题。家长应给予适当的帮助,帮助孩子寻找一位富有激情的导师,给孩子正确的选择。这会使他们看到,世界那么的大,而属于自身的东西还很少,让他们有着一种对知识强烈渴求的欲望,从而养成读杂书的习惯,在通往成功的道路上少走一些弯路。

孩子在挑选自己要读的书时,往往缺乏的是耐心,或许在他们养成了读杂书习惯的时候,已经走进了误区。因此,家长要教导孩子,在对自己需要的东西的选择上一定要有耐心,不能盲目。读正书也好,杂书也好,有目的地读,收益才大;寻求一时趣味,于身心都没有多大好处。

在孩子的耳边常常会有这样的话:"一天别不务正业,学点有用的。""别拿起那些不三不四的书不放,学点有用的。""老是看闲书,有什么用啊?"……其实家长应该给孩子们更多的支持,应该鼓励孩子养成读杂书的习惯。使孩子能在多方面发展,知识体系的多元化会更利于孩子的健康发展。多在孩子读杂书时说几句:我们支持你。这种鼓励的话会对孩子的阅读产生很好的激

励作用。谁说"杂书"就是"闲书"呢？平时看杂书积累下来的知识，说不定什么时候就会派上用场。

何祚庥是著名的理论物理学家、中国科学院院士、北京大学科学与社会研究中心兼职教授、科学技术哲学专业博士生导师。他就是无书不读，各行各业的书他都喜欢读，都有兴趣了解。除了是个著名的科学家，何祚庥还是一个研究《红楼梦》、象棋、戏曲、历史以及历史人物的专家。何祚庥过去一直在关注沙尘暴的问题，他说："我早就提出可以搞风力发电厂，一面发电，一面还可以阻止沙尘暴。"但他苦于没有相关的观点的支持。后来他在读到一本美国人莱斯特·R·布朗写的《B模式》时如获至宝。因为这本《B模式》给他的启发太大了。

莱斯特·R·布朗在书中提出了"风能丰富而且分布广泛，在高人口密度的地区开发丰富的、近海的风力资源，很容易满足当地的全部用电需求。""中国单靠风力就能轻而易举地将现有的电力生产翻上一番。""更令人兴奋的是，世界风力发电每增加一倍成本就下降10%。"

莱斯特·R·布朗的观点和何祚庥的观点非常相近，这让何祚庥更加肯定了自己的想法。以前他提出这种观点的时候总觉得自己一个人的力量很孤单，但看到莱斯特·R·布朗也持这种观点，他更加"蠢蠢欲动"了，不久他就要参加一个有关"风力发电"的研讨会。

《B模式》是何祚庥闲来所读的一本书，但最终却为他的科学理论提供了有力的支持，这就是读闲书"无心插柳柳成荫"的妙处。

细节 ③③

训练孩子熟练地查字典、词典，
督促孩子养成查用工具书的习惯

　　孔子说得好，工欲善其事，必先利其器。工具书是学习的
顾问，是不见面的老师。应训练孩子熟练地查字典、词典，告诉
他们方法，定期检查，督促他们养成查用工具书的习惯。

　　当然，一种好习惯的养成，总是需要一个过程，家长应帮
助孩子、督促孩子，使孩子能以坚强的毅力去培养好习惯，以
达到最佳的效果。

　　工具书是读者的无声老师，是随时可以咨询的顾问，是解
疑释难的好帮手。阅读前，一定要把工具书置于身边；阅读时，
遇有疑难，就要翻查。在学习中，会使用工具书和资料的好处
很多。除了一般的字典、词典之外，各门学科都有专门的工具
书。工具书的类型有字典、词典。我们经常使用的有《新华字
典》、《现代汉语词典》、《辞海》等。字典的主要功用是查字，词
典的主要功用是查考词语。辞典按用途来分，又可分为语文辞
典和专科辞典两大类。此外，工具类的书籍还有书目（如《全国
新书目》等）、索引（如《人民日报索引》等）、年鉴（如《中国百科
年鉴》等）、手册（如《各国货币手册》）等，以及历表、年表、地

图、年谱,等等。家长要指导孩子多利用工具书,而且家长自己应给孩子做榜样,遇到生字、生词,就请教不会说话的老师。这些工具书,都是我们学习相关知识时不可或缺的工具,就像我们出门要乘车、过河要乘船一样。每一本工具书,都是这一类相关知识的高度总结和具体阐释,并教导你怎样运用这些知识。如上面所举的几种字典、词典,就集中了语言文字与文学方面的字、词、音、义和相关知识、成语典故、历史、文学,等等。在学习中遇到相关疑难,你只要打开它们,便会得到专家、学者、教师们的帮助、讲解,让你在工具书的帮助下解惑释疑,完成作业,增长知识。最忌一种坏习惯,是对学习中的问题似是而非,一时不懂,又不愿凭借工具书仔细弄懂,结果不是一时不懂,而是一世不懂,以致在学习与生活中话说错了、字读别了、意会错了还全然不知。例如有的人,对于"恶"、"好"、"为"这些一字两音两意甚至多音多意的字,总是搞不准确,"凶恶"与"可恶"不分,"很好"与"喜好"不分,"为了"与"作为"不分,等等。其实,这些都是非常容易解决的问题,只要打开工具书,就都会让你明明白白,可不少孩子就是养不成查阅工具书的好习惯。

工具书的使用在阅读中显得尤为重要。其实,现在的孩子在小学就已学会查用工具书了,但家长和老师有时越俎代庖,让一些孩子更依赖于大人而不愿意自己动手去查工具书。久而久之,依赖性就成了惰性。于是,对生字僻词,常以见旁读旁,敷衍了事,以至于阅读中张冠李戴、望文生义,运用的文字中也就别字、错字满天飞了。

学者们认为,从某种意义上说,知识就是知道如何去学习,如何去查找,如何去运用工具书。能正确、熟练地使用工具书,知道你所需要学习的东西在哪里,这就是知识。专家、学者、科学家能够从无到有地发明、创造出机器、车辆、飞机、轮船、科学仪器和各种工具书,而我们连使用都不会、都不愿的话,那岂不是辜负了这些人类的宝贵财富?

打开《现代汉语词典》,你便打开了现代汉语的知识宝库。从中学到大学以至今后的工作与长期学习中,它都能够成为我们最忠实的老师和帮手。只要你养成了查阅它的习惯,有事要查,无事也查,那么,天长日久,积累下来,你的相关知识就会日渐丰富,用之不完。

《汉语成语大词典》收录例举、阐释了古今所用的 1.7 万条常见成语及其变体,并包括古今常用的俗语和谚语。这本词典的知识性、科学性、实用性,对我们学习、使用汉语词汇进行交流、表达、写作都是极有帮助的,关键在于你是否有使用它的习惯。应该说,我们要拥有必需的工具书并不难,难的是是否养成了查阅它、使用它的习惯。记住,工具必须使用,否则它便会失去价值。不要忘了先哲的教诲:"君子生非异也,善假于物也。"只要善于运用学习的工具,你就一定能比别人聪明、博学而多才。

参考工具书的作用,大体可归纳为如下几个方面:

1.解决疑难问题

众所周知,在日常读书学习、研究问题、开展工作中,人们往往碰到疑难的字词、重要人物、有关事件、科技名词和术语、所需要数据等问题,查阅有关词典、百科全书、数据手册等参考工具书,即可迎刃而解。

2.指引读书门径

人们在日常自修学习,或者研究、掌握某学科知识,需要查找哪些文献,应阅读哪些义献信息,才能入室登堂,窥究奥秘。可利用百科全书类参考工具书,便可了解有关学科的基本知识,指出深入研究还需参阅哪些文献,从而,为深入学习和掌握有关知识提供了最佳途径。

3.提供参考资料

人们在学习和研究中,除了必须掌握本学科的基本状况,还须掌握相关学科的学术动态、研究水平、发展概况。例如,有些研究项目,国内可能有不少科研人员从各个角度进行研究,国外也可能有成批学者在探讨,或者已引进其他相关学科研究成果加以解决,我们可查阅国内外出版的年鉴类

参考工具书,便可了解近年来研究概况、发展动态,还能找到应该参考的书目、论文等资料。

4.节省时间精力

各种参考工具书都具有共同功能,就是节省读者查阅获取知识的时间和精力。因为,它们根据一定的社会需要,汇集大量有关文献,提供确实可靠的浓缩知识,并依照特定编排体例和科学排列方式,提供快速查找途径,节省读者的大量时间和精力,从而帮助读者从浩如烟海的文献中吸取所需的宝贵知识,收到事半功倍的效果。

总之,古今中外学者、专家,莫不把参考工具书视为珍宝,用很生动的语言,描述赞美它是"良师益友"、"案头顾问"、"不说话的导师",是我们"打开人类知识宝库的金钥匙",并对它的作用概括成四句话:"解决疑难问题,指引读书门径,提供参考资料,节省时间精力。"要使孩子养成细心的好习惯,家长就应该在平时多培养孩子凡事细心的习惯,一个细心的孩子,才有可能对不懂或者拿不准的东西更有求知欲,也才会更加重视工具书的作用。工具书作为一种工具,是以方便人们为目的的,所以要尽量把工具书放在明显的地方,这样查阅起来就会更加快捷,节省时间。工具书的工具性质还要求孩子能够熟练掌握查找所需内容的方法,以便充分利用其价值,并且节省时间。

细节 34

阅读，重在摘录，
家长要培养孩子摘录的好习惯

学习如掘宝，摘录是最好的工具。美国开国元勋富兰克林在读书的时候，总是勾勾画画、圈圈点点，把最精彩的字、词、句、段、名言警句摘抄下来。他读过电学、地学、植物学、数学、化学等许多书，光摘抄下来的读书笔记就有满满的好几筐。

攀登高山，就要采摘果实；遨游大海，就要寻找珍宝；学习知识，就要摘录精华。常听不少人这样评价时下的青少年：知识浅薄、能力欠缺、目光短浅、见识少、思维幼稚、精神空虚……究其原因，许多人都认为主要是孩子不喜欢读书，或阅读面狭窄，涉猎不多，导致他们见少识浅。

现在孩子的知识储备、思想深度、思维水平的确个能使人满意。但造成这种现象的真正原因是什么呢？根据对学生的日常阅读情况作过的调查，调查人员发现现在的青少年阅读量并不是不多。他们经常谈的书籍、报刊、杂志不下 10 种，还包括一些有一定品位的书籍、报刊，还有一些思想价值较大的报纸。如此看来，孩子们不但喜欢阅读，而且阅读面也较广，涉猎的知识领域比较多。但为什么他们在知识储备、思想见识等方

教育心得：

摘录，既是一种良好的学习习惯，更是一种科学的学习方法。它不但能丰富我们的知识，而且还能深化我们的思维，提高学习能力，对孩子提高成绩有巨大的作用。

面没多大长进,依旧肤浅、幼稚呢?这其中的原因大多在于孩子虽然读得广,说得多,却吸收少,没有把他们所说、所听的化为己有,如同孩子进果园,虽置身枝繁叶茂、硕果累累的环境,最后却收获甚微。那么,如何才能解决这个问题呢?专家认为:阅读要重摘录。

1.摘录,手脑的合作

古今中外,典章经文,名著大作,精深博大,浩如烟海。我们要想在有限的时间内读有所获,学有所成,就必须讲究方法。书山文海,光靠爬得快,游得猛,是不会有多大收获的。

面对大量的书籍、报刊杂志,怎样的阅读才是有效的?答案是:摘录。任何一部书、一本杂志、一篇文章都不可能是字字千金、句句经典,其中有些内容有价值,另有些内容可能没有太大的价值。对于前者,我们在阅读的过程中应该摘抄下来,收集在一起,便于更深刻、更全面地研究、掌握。如果每一次阅读都能摘录出其中的精华,那么,日积月累下来,我们就拥有了一笔可贵的财富,可以说是一座座没有杂质的、精华荟萃的宝藏,这对我们以后的学习有莫大的帮助。

摘录,既是一种良好的学习习惯,更是一种科学的学习方法。它不但能丰富我们的知识,而且还能深化我们的思维,提高学习能力,对孩子提高成绩有巨大的作用。有一位校园诗人曾说:"我最初的诗句都来自于我的摘录本。那里面收集了古今中外无数诗坛大家最精彩的吟唱。"

有一个一直畏惧写作文的孩子在老师的指导下,一边阅读大量的书籍,一边作大量地摘录,每天对当日摘录的句子、段落仔细分析、深刻品味,并尝试写作。后来,他的作文里也出现了一些颇有文采、有内涵的句子,最后,他的写作水平有了大幅度提高。

摘录不是简单地抄书,它是有选择、有判断地吸取。摘录不仅仅是手的任务,也是脑的责任。读一篇好文章,首先,也是最关键的一步,是筛选出文中最具价值的部分,或者是新颖独到的观点,或者是精致巧妙的构思,或是流光溢彩的语言……然后将这些内容抄写到自己的摘录本上,并反复品读,领会其中的奥妙,化为己有。长期这样,自己思考问题的角度、思维的深度与广度、语言表达的能力、知识的丰富程度等方面定会有长足的发展。

2.摘录,是一条学习的真理

其实,摘录不是一个新鲜事物。纵观历史,革命导师、科学大家、文化智者在学习中无不重视摘录的方法。

列宁在研究无产阶级革命最核心的问题——土地问题时,花费了大约10年的时间详细摘录了美国、法国、德国等国家的大量文献著作和统计资料。《列宁全集》中有大约三卷的内容都来自于摘录。这些摘录来的资料在指导无产阶级土地革命中发挥了巨大的参考作用。

名人的经验是经过时间考验的,对我们现实的学习、生活都有重要的指导意义,文学史上有这样的说法:"司马一人,史经两部。"司马迁写《史记》之前参考了大量的文献、图书,从中摘录了很多内容,包括各家学派观点、故事、人物、文章的体制、不同风格的语言等,汇总在一起,装订成册,据说其厚度与后来他所著的《史记》相当,其价值也不可小视。

前人将他们对生活的理解记录在书中,我们通过吸取,可以少走很多弯路。学习亦是这样,将别人的经验摘录于本,摘录于心,是成功的捷径。第二次世界大战后的日本之所以快速复原,高速发展,原因在于直接吸取了各国,尤其是美国在经济方面的先进经验。与之相似,我们学习也应这样。摘录前人的成果,创造先进的方法,成就自己的业绩。站在巨人的肩上就更接近成功的巅峰。

下面是指导家长之法:

(1)给孩子提供健康、丰富的阅读资料

资料越多,孩子的见识就越广,对孩子有用的东西就越多,孩子可吸取

的知识就越丰富。积极健康的阅读内容能净化孩子的心灵,陶冶孩子的性情,充实孩子的精神世界,对孩子良好的个性、积极人生态度的形成有非常大的促进作用。家长们应提供这样的阅读内容,让孩子的身心在健康、积极的阅读氛围中全面发展。

（2）培养孩子"四动"的阅读习惯

所谓"四动"依次为:动眼、动脑、动手、动口。在孩子平常的阅读中,家长要注意强调阅读不光是用眼睛看,还要动脑筋思考,动手动笔摘录。在反复品读、理解的基础上,还要大声朗读,达到形神兼备。这"四动"是阅读卓有成效的保证。只有做到"四动",才能真正从所接触到的阅读资料中吸取有价值的知识。

（3）正确科学的摘录方法

摘录是有选择性地吸取。如果不加以区别,不加以筛选地摘抄,那么就不能突出知识的重点,难以达到快速、准确、高效地掌握知识的目的。读一本书,有价值的内容应细研细读,需先摘录下来,收集下来。对自己用处不太大的东西只需稍作了解,不必花费太多的精力和时间。有些内容只可走马观花,有些内容必须深思熟虑,突出重点要害,舍弃细枝末节。这是家长要不断提醒孩子注意的方法问题。

（4）准备摘录专用本

知识归类,集合成册,这是摘录的一个重要环节。作为家长应该要求孩子用一个专用本作为摘录本,把平时听到、学到的知识,工整有序地整理在专用本上,而且一目了然。摘录本要保管好,内容要完整。

（5）纠正孩子不正确的阅读习惯

有些孩子读书没有良好的习惯,尤其是读书只用嘴,没有随时动手动笔勾画、标号的习惯。这样,孩子在读书时过目即忘,知识如过眼云烟,在脑海里没有留下任何印象。因此家长要随时纠正孩子只读书不摘录的习惯,要培养孩子读书就动笔的习惯,加深对所见知识的印象。

(6)反复阅读已摘录的知识

有些孩子有摘录的好习惯,摘录的内容甚至有很多本,但是他们的知识面仍然非常狭窄,这是为什么?因为他们只为摘录而摘录,所摘录下来的内容很少去复习,甚至根本就没有再去理会。摘录的东西成为了一堆毫无用处的废物。摘录的知识要化为己用,才是摘录的目的,所以摘录之后还要花大量的时间去温习、掌握。家长在此方面要起到督促的作用。

细节35

每天早起15分钟,
陪孩子一起晨读

一年之计在于春。春天,是万物复苏、充满生命力的季节,春播、夏种、秋收,我们的祖先最知道春天的可贵。一天之计在于晨。清晨,是一天中最好的时刻,这是为什么呢?我们都知道,24小时为一个昼夜,白天,我们忙于工作或功课,眼观六路,耳听八方,劳其心志,累其体肤,身与心都处在高度运转之中。现在的孩子,每天有满满的课程,大量的作业和太多的负担,使他们的头脑与思维不得闲。白天,他们的大脑已被太多的信息、太多的思考、太多的问题挤得太满。因此,一天紧张的学习下来,他们会感到疲倦,需要休息,需要睡眠。于是,夜晚

教育心得:

一天之计在于晨。清晨,是一天中最好的时刻,晨读的效果,比一天中任何时刻都好,既少杂念,易于理解,又无记忆负担,最能留下清晰、深刻的记忆。因此,家长应培养孩子晨读的习惯。

50个细节教出爱读书的孩子

的睡眠必不可少,以使他们的精力得以恢复。经过一夜的睡眠后,当我们清晨醒来,脑子会是一片清新,当天的记忆还是一片空白。这就好似一张白纸,好似最新最美的图画。再加上早晨的空气经过了一夜的净化,也是最清新的时候,特别让人感到清醒。人的精力就像上紧了弦的发条,充沛而且旺盛,在淡淡的晨雾或晨光中,我们最应做的便是阅读。

晨读的效果,比一天中任何时刻都好,既少杂念,易于理解,又无记忆负担,最能留下清晰、深刻的记忆。晨读一遍的效果,会比白天在嘈杂声中读10遍都好。正因如此,古人、今人都有晨读、晨练的习惯,也才有那句"一年之计在于春,一日之计在于晨"的经典之言。

一位高中同学在一篇名叫《快乐的晨读》的作文中这样写道:"清晨,我被窗外竹林中清脆婉转的声声鸟鸣唤醒,睁开双眼,已见一抹晨曦从窗户中射进来。我赶紧起床,搞好个人卫生,便拿了书坐到向着东方的阳台上,细细读起来:'曲曲折折的荷塘上面,弥望的是田田的叶子。叶子出水很高,像亭亭的舞女的裙。层层的叶子中间……'读着读着,我竟没有意识到这是在做功课,因为老师布置了这一课《荷塘月色》的精彩段落要求默写。我这时读来,感觉是在清爽宜人的晨曦中享受名作,品味生活,毫无一点累与闷,反而是一种快乐,两遍读完,我竟可以背得。我又一次享受了晨读的美妙。我于是在心里感谢我的爸妈和我自己,让我从上初中起,就养成了这一良好的晨读习惯。"

这位叫章琼的同学说,几年来的每日晨读,她从未间断过。她为自己算了一笔晨读的账:她每天晨读15分钟,一年便相当于有了将近122节课的快乐的阅读,几年来,她从相当于几百节晨读的阅读课中,不仅熟悉了课文、定理、定律,更大大丰富了自己的课外阅读——诗词阅读、名人名言与名著的阅读。这使她真正尝到了读书破万卷的好处。在晨读中,她丰富了自己的知识,积累了大量的词汇,陶冶了美好的情操,享受了清新怡人的上千

个美好清晨。这不仅有助于学习,更有助于养成自己良好的生活习惯。

人是有惰性的,必须要凭借一种毅力来战胜自己的惰性。晨读,是培养自己战胜贪睡恋床坏习惯的最好方法。通过长期的晨读,获得的不光是知识,更有对时光的珍惜,培养了我们特别需要的那种积极向上的进取精神。其实,良好的晨读习惯的养成,还可以培养我们生活的规律性,并通过每天快乐地晨读来消除心中的郁闷、烦恼,并为新的一天的生活、工作或学习奠定乐观饱满的积极情绪,带着良好的心态,投入到新的生活中。记住,清晨是一天的精华,少睡15分钟对一天的精力绝无影响,但15分钟的晨读,对孩子的一生都大有帮助,但关键在于不可随意间断。所谓一曝十寒,好习惯绝难养成。

那么,家长们不妨用下面的方法培养孩子晨读的习惯:

与孩子一道提早15分钟起床。法国哲学家卢梭说:"你要记住,在敢于担当培养一个人的义务之前,自己就必须要造就成一个人,自己就必须是一个值得推崇的模范。"家长要求孩子做的,自己应该先做到。每天早上,如果母亲或者父亲,能够有一人与孩子一道提前15分钟起床,将这15分钟用来晨读,那么,你的孩子就会被你的良好行为和晨读习惯所影响,也乐意让自己这么做了。

督促孩子晨读。所谓"习惯",就必须在一天天、一月月、一年年的时间过程中习以为常,坚持不懈,形成规律,养成惯例。这需要努力,需要支持,需要督促,需要帮助和有榜样。孩子毕竟是孩子,他们还缺乏生活的磨砺与岁月的锤炼,因此,作为家长,就要敢于用行动来要求孩子、教育孩子、带动孩子,不要只当督察者,而是要与孩子一起去做。

鼓励孩子晨读,把晨读的习惯坚持到底。孩子作为未成年人,总是有要求自己不够严格的时候,家长则应把好坚持关。要鼓励孩子别放弃、别间断,关键时刻咬咬牙、挺一挺也就过去了。如果放弃,好习惯绝难养成。假若

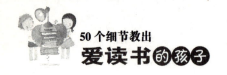
您的孩子以前没有晨读的习惯,那么,您最好选择春、夏、秋三季的天气让他开始,因为气候好,开始阶段的难度会相对小些,孩子也容易接受。

第六章
用读书之成果激发阅读兴趣，
让孩子真正爱上阅读

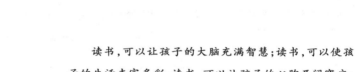

读书，可以让孩子的大脑充满智慧；读书，可以使孩子的生活丰富多彩；读书，可以让孩子的心胸开阔宽广；读书，可以让孩子的灵魂高尚纯洁。既然读书是件好事，那就应该让孩子看到能从读书中收获知识、收获欢乐、收获成功。

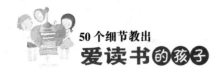

50个细节教出
爱读书的孩子

细节 36

阅读是支撑"德"的柱子

教育心得:

阅读不仅净化人的思想，陶冶人的情操，同时也潜移默化地影响着人的道德品质。孩子通过阅读，可以知道什么是善与恶，什么是诚实与虚伪，什么是公正与偏私……

　　阅读对读者的影响，不仅仅是增长知识，开发智力，更突出地表现在净化思想、陶冶情操、培养品德方面。古人早就有"立德"、"立功"、"立言"的学说，并且把立德放在最高的位置。如果要立德，那么阅读就是支撑"德"的柱子。雨果说："书籍是造就灵魂的工具。"因此，阅读对树立孩子正确的世界观和人生观有着积极的影响。

　　傅雷一生博览群书，他在古今中外的文学、绘画、音乐等各个领域，都有着极渊博的知识，他对两个儿子的读书教育培养也要求极高。

　　次子傅敏曾回忆说，刚进入初中，父亲就要求他读《古文观止》。傅雷对儿子说："这个古文选本，上起东周，下迄明末，共辑文章220篇，能照顾到各种文章体裁和多方面的艺术风格。其中不少优秀文章反映了我国古代各家散文的不同风貌，如《战国策》记事的严谨简洁；纵横家说理的周到缜密；《庄子》想象的汪洋恣肆……无论它的说理、言情、写景、状物，均堪称典范，对你的古文学习和修养有帮助。"他每星期天选择其中一篇详细讲解，孩子读懂后便要背诵。

　　一次，傅敏由于忙于球赛而未能背出《岳阳楼记》。垂着

188

头,心中忐忑不安,等着父亲批评。平时对儿子要求极严的傅雷这回没有发脾气。他使劲吸着烟,半晌才缓缓地说:"过去,私塾先生要学生背书,子曰、诗云,即使不懂,也要鹦鹉学舌地跟着念和背。诚然,死记硬背不宜提倡。然而平心而论,似也有其道理。七八岁的孩子,记忆力正强,与其乱记些无甚大用的顺口溜,不如多背些古诗古文。中国的好诗文多得很。一首首、一篇篇地储存在脑子里。日子长了,印象极深。待长大些,再细细咀嚼、体味,便悟出了其中意义。这叫做反刍。若到了二三十岁,甚至更晚才开始背,怕也难记了。'少壮不努力,老大徒伤悲',这都是经验之谈哪!……"望着已经知错的儿子,傅雷翻开《岳阳楼记》这一篇,让儿子高声朗读,然后意味深长地说:"范仲淹先生登岳阳楼,将览物之情归纳为悲喜二意,指出古之仁人忧多而乐少。然后说明自己之忧乐俱在天下,正见他确实不以物喜、不以己悲之真意。还记得陈子昂的《登幽州台歌》吗?"傅敏说:"记得。'前不见古人,后不见来者,念天地之悠悠,独怆然而涕下。'"傅雷点点头:"那么你想想看,为什么同样登高望远,同样登岳阳楼,所见之景是一样的,而他的想法与别人不同?他能写出'先天下之忧而忧,后天下之乐而乐'的抱负,和他的经历、思想有什么联系?全文是怎样一层层展示它的中心的?……"

　　望着父亲那眼镜片后慈祥、智慧的目光,傅敏重重地点点头。20 多年后傅敏回忆起来,耳边似还响起父亲那熟悉的声音:"做学问需要切切实实地下功夫,不能自欺欺人啊!"

　　长子傅聪是著名的钢琴艺术家。在傅雷的影响下,从小熟悉了贝多芬、克利斯朵夫等名人、名曲,培养了对音乐的浓厚兴趣,并在父亲严格执教下学习音乐,练习钢琴,从而走上成才之路。傅雷教育自己的孩子把读书与做人,读书与艺术紧密联系在一起。他希望儿子能做个德艺俱备、人格卓越的艺术家。1954 年傅聪赴波兰参加国际钢琴比赛,取得优异成绩,并引起轰动。欧洲的评委们在幕后听到傅聪的西洋曲子里,隐隐约约地糅合了唐诗

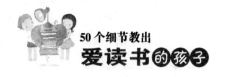
的意境。意境是中国式审美的特质,外国评委倾倒了。东西方文化交融成了傅聪成功的秘诀。

《傅雷家书》是傅雷写给在海外学艺的儿子的部分家信。它记载了父辈对儿辈的精神上的家训,记载了一位历经沧桑的饱学的长者对才华横溢但又初入人世的青年人的忠告。这不是普通的家书,是充满了父爱的教子篇,是一部青年修养的好读本。

阅读不仅净化人的思想,陶冶人的情操,同时也潜移默化地影响着人的道德品质。孩子们通过阅读,可以知道什么是善与恶,什么是诚实与虚伪,什么是公正与偏私,在幼小的心灵中播下崇高伟大的种子,将来可以成长为一个顶天立地的人。

细节37

好的书可以成为
滋养内心世界的处所

教育心得:

某著名相声大师认为,书籍是人类智慧积存的地方,埋首其间,不知不觉受其熏染,境界既高,心胸亦广,自出一股清纯豪爽之气,谈吐也自然高远不俗,妙语连珠。

阅读诗文就像吃"自助餐"那样,在众多的美味佳肴面前,可以自由挑选,不限品种,不限数量,让消费者得到物质和精神的双重满足,自然可以调适内心的喜怒哀乐。在疾徐迟缓的节奏中,读李白《将进酒》中的"黄河之水天上来,奔流到海不复回"等诗句,于清新飘逸中,自然能升华理性的浪漫;吟杜甫的《茅屋为秋风所破歌》,在沉郁顿挫里,自然会进行凝练热烈

的思索。激昂盛怒时,诗能给你一剂清凉;紧张焦虑时,诗可使你获得一份轻松。

某著名相声大师认为,书籍是人类智慧积存的地方,埋首其间,不知不觉受其熏染,境界既高,心胸亦广,自出一股清纯豪爽之气,谈吐也自然高远不俗,妙语连珠,这就是苏东坡所说的"腹有诗书气自华"。气顺了,心爽了,自身就会感到异乎寻常的轻松愉快。相反,人不读书,难免孤陋寡闻,小肚鸡肠,为世间俗物所困,这不是身体锻炼所能解决的,这些不良因素都不利健康,久之气郁,"其火攻心"。所以那位著名相声大师说:"在商品化社会一定要多读书;心平气和,然后与体育锻炼自然融于一体。"这是他的经验之谈。

读书可以使人保持平静的心境。

远在春秋时期,鲁国的闵子骞去拜孔子为师,初到时他面色无华,过了一段时间,竟变得面色红润。孔子感到非常奇怪,于是就问他其中的原因。他说:我生活在偏僻乡下,看到达官显贵坐在华丽的车上,前后龙旗飘舞,既嫉妒又羡慕,故而寝食不安,面色无华。如今,受老师教化,精读为人、治国的书,日渐明事理,辨是非,知美丑,于"龙旗"之类不再动心,因而心情和悦,面色也就红润起来了。

相传,唐代诗人韩愈出仟监察御史时,一天,他偶感心情烦躁、忧虑、头疼脑胀,于是坐在廊檐下闭目养神。突然听到家里的仆人来禀报:"门外有一少年来访。"韩愈听了以后,手一挥,说:"告诉他,我身体不适,不论何人,一律不见!"仆人出去,可是一会儿又回来了。韩愈不耐烦地说:"我不是说了吗?谁也不见,怎么又来禀报?"仆人说:"我已向来人说过,可那少年执意要见,并呈一本诗稿让你过目。"韩愈无可奈何地接过诗稿,毫无心思地翻着。映入他眼帘的头一首诗的题目是《雁门太守行》。诗的头一句:"黑云压城城欲摧。""好大的气魄!"韩愈不由一阵惊喜,又迫不及待地读出下句:"甲光

向日金鳞开。""好壮丽的景观!"韩愈立刻被作者非凡的气魄所感染,不由兴致勃勃起身叫绝,什么忧虑、烦躁,早抛到九霄云外去了。由此可见,一首好诗犹如三伏清风,读后令人心情舒畅,忘了周遭不快,抑郁一扫而空。

有位老先生年逾90,却仍然鹤发童颜、精神矍铄,被人们称为健康老人。他认为,生命在于脑运动和体运动。从幼年开始,他一直十分活跃,在参军时,学习时间少,他就在行军途中,在马背上读书。他离休以后,学习更加努力,每天中午1小时,下午1小时,读书看报,一日几个小时用脑,他感到自己脑细胞非常活跃,而且还能保持心情的快乐。在书的世界里,可以让自己得到真正的心灵的安宁。

好书的确可以成为滋养内心世界的处所,使心灵得到寄托而获得情绪的优化、净化,从而改善心境,享受生命,感悟人生。

数学家、教育家王梓坤一生最大的爱好就是读书,他的书架上、书桌上、床上都是书,随时可以翻阅。他说,进入书的海洋,可以忘记忧愁事。他在苦读博览中悟出了精辟的读书之道:"失意时读书,可以使人重整旗鼓;得意时读书,可以使人头脑清醒,吾与读书,无疑义矣,三日不读,则头脑麻木,心遥遥无主。"

可见,吟诵诗书,可以调节心中的喜怒哀乐,平衡人体内的阴阳气血。人心最为灵动,不可过劳,不可过逸,唯读书可以养之,安心之法,在于调节喜怒哀乐、劳苦恐惧之事,心城紧闭,外事无以动之,外邪无以入侵。

清代著名戏剧家李渔也深有感触地说:"予生无他癖,唯好读书,忧藉以消,怒藉以释,牢骚不平之气藉以除。"在西方,据《圣经》记载,古以色列国国王大卫曾经用诗歌来安抚和镇定臣民的暴躁情绪。

以上所述皆证明了阅读有益于人的心理健康。因为,读书能增添人的情趣,增长人的知识,愉悦人的身心,丰富人的情感,使人的心理世界经常处于平衡、美好的状态。

细节 38

阅读是孩子健康成长、
体察人性、认识自身的重要途径

在书中，您能够迅速地汲取人类在几千年的进化过程中所积累的知识和经验；您能冲破局限看世界，使视野广度倍增；读书还可以使您超越独自思维的狭窄范围，从前人那里获得宝贵的智慧。书中有光怪陆离的大千世界，书中有形形色色的故事人物，也许，在书中您还可以找到自己的影子……总之，阅读是了解社会人生的一条通衢。

1.小说中能够观察社会

在儿童故事里长大的孩子，可以说是在父母和老师的陪伴下生活在一个"理想的国度"。而走进了少年时代，随着孩子知识的增加，孩子自主意识的增强，认识能力的提高，以及接触社会时间的增多，他们就要开始接触更复杂的社会。

孩子应该多接触有智慧的人，多跟有理想的人接近，多接受经验丰富的人的指引……他们需要一个指引人生方向的导师，使他们能顺利进入真实的社会，而又不会变成邪恶的人。这个导师就是一本本好的"小说"。小说是一种叙事性的文学体裁，通过空想的故事情节和具体的环境描写，更深

教育心得：

阅读不能改变人生的长度，但可以改变人生的宽度。阅读不能改变人生的起点，却可以定位人生的方向。总的来说，一个人对社会和人生的理解程度，与他阅读的广度与深度是成正比的。

入地把握人生,更广泛、多方面、完整、细致地反映社会生活以及人生画面。

人是生活在纷繁复杂的大千世界里的,人的思维活动和感情活动总是反映着客观世界的"万象",并因此呈现出十分复杂的心境和情态。孩子阅读小说,可以从一个个栩栩如生的人物形象中,多方面地了解人的"性格世界";通过人物的活动以及性格的展开,看到一个真实的现实社会;随着情节的发展,人物性格的显现,体会到复杂的人情世故和社会结构。

以"社会功能"的眼光去看小说,那么,小说可以帮助孩子们认识"人",认识"社会",认识"人生",认识"自己"。爱读《水浒》的孩子,往往无意中培养了"四海之内皆兄弟"的豪气;爱读《基督山恩仇记》的孩子,往往相信正义;爱读《西游记》的孩子,对面对的困难可能更多一些乐观情绪;爱读《双城记》的人,往往向往生死不渝的崇高爱情。

19世纪英国作家史蒂文森所写的小说《金银岛》,是针对少年儿童创作的代表作品。史蒂文森心目中的读者是他的儿女。他以"跟少年读者彼此会心"的态度写下了他的作品。现在,发达国家的儿童文学创作,对少年小说都给予相当的重视和鼓励。

然而,我国的少年小说读者,偏偏都成为了"考生"。他们的心灵滋润是贫乏的。如果我们希望子女有开阔的胸襟,早早为一生幸福打下基础,就应该注意到子女的心灵生活。当子女彷徨的时候,让他们也有权读读自己的"人生读本"。

2.传记中可以体会人生

当孩子有了一定的阅读能力时,应指导孩子多读一些有关做人和爱国主义方面的书籍。比如,指导孩子多读描述伟大人物生活以及奋斗的传记和科学家传记等,以培养孩子高尚的情操,树立远大的理想,形成科学的世界观和人生观。

"传记"是一种不同于儿童文学及小说的叙事文学,传记里的人物通常

都是现实和历史上真实的人物，而儿童文学及小说中的人物通常是虚构的，是经过文学加工而形成的形象。所以"传记"要真实得多，会很快地吸引孩子。

这个阶段，孩子对于自己未来的人生方向，正在探索、摸索，而一生的志趣与生活态度也正处于定型之中。所以，这个年纪的孩子脑袋中思考些什么，他将来就有可能成为什么样的人。如果，他只是读一些图像性的、资讯性的、流行的书籍，尽管也是阅读行为，但由于无从获得一些辨是非、定犹豫的思维指引，无法在书中与伟大的人物对谈，更无法在前人的经验中体会生命的学问，因而在长大后，便只能习以为常地靠着感官刺激来获得心理满足。

在传记中，还有一大类，就是科学家的传记。在这些传记中，不仅记载了科学家们成长奋斗的历程，而且还叙述了他们在科学发现过程中所承受的种种困苦和磨难，例如《居里夫人》、《爱迪生传》等。让孩子多看一些科学家的传记，不仅可以使他们了解一些科学发现的过程，科学家们历经磨难百折不挠的精神还可以给他们很大的激励作用。

3.阅读中可以了解自身

拥有一个健康的心理，对孩子的一生有着十分重要的意义，少年时期虽不是精神疾病的多发时期，但却是不健康行为的孕育期。由于孩子心理活动状态的不稳定性、认知结构的不完备性、生理成熟与心理成熟的不同步性、对社会和家庭的依赖性等，使得他们比成年人有更多的焦虑和遭遇到更多的挫折，更容易产生心理障碍。暂时性的心理障碍若得不到及时排除，便会产生不良反应，影响以后心理的健康发展，甚至会酿成日后难以挽救的心理疾病。所以这个阶段是容易滋生心理异常的温床期，要加强孩子心理健康教育，不妨指导孩子看一些有关生理和心理方面的书。

孩子们都会经历一个青春期，在这个时期的少年最关心自己的发育、

自身的感觉。他们有许多的疑点需要澄清,有许多恐惧和冲动需要排解……由于身体形态、功能及性发育等多方面的迅速变化,还会在心理上产生较大的影响。对此,父母应该指导孩子多看一些有关生理方面的书以及青春期卫生方面的读物。通过阅读,使孩子了解自己的身体发育情况以及如何做好青春期卫生,使他们健康、充满活力地度过青春期。

这个时期,孩子的心理还很容易产生诸如偏于固执、自以为是、逆反心理严重、人际关系敏感、与异性交往障碍、心情抑郁、烦躁等问题。因而,针对青春期身心发育的特点,父母除指导孩子阅读一些有关生理卫生常识的书籍外,还应指导孩子阅读一些关于青少年心理方面的书,帮助他们克服青春期所有不良的情绪,正确认识成长中的烦恼。

阅读不能改变人生的长度,但可以改变人生的宽度。阅读不能改变人生的起点,却可以定位人生的方向。总的来说,一个人对社会和人生的理解程度,与他阅读的广度与深度是成正比的。所以,阅读是孩子健康成长、体察人性、认识自身的一条重要途径。

细节 39

阅读,可以让孩子获取知识

　　阅读是获取知识的捷径。从书籍中学习是最普遍、最基本的学习方法,对所有人都适用。英国伟大文学家莎士比亚说:"书籍是人类知识的总结,是全世界的营养品。"书本知识是人们通过长期的实践活动总结出来的,因此,从书本上得来的知识同样是具有重要价值的。不仅如此,通过读书获得知识还有许多优越性,它可以不受时间限制。一个人如果想要回到原始时代去,亲身体验一下原始人的生活,谁都会认为他是在幻想,但是通过阅读历史教科书,却可以越过几万年的时间差距,了解原始人的生活状况。读书能获得知识,而且不受空间限制。我们想要到月球上旅行,亲自看一看月球上的情况,尽管在宇航事业极大发展的今天,也还是不能随意办到的事,但是,如果我们读一读宇航员写的报道,就可以超越几万公里的空间,详细地了解许多与月球有关的知识。

1.阅读,让我们领略自然地理风光

　　一个人一生中不可能看遍我国所有的名松。但阅读《我国的名松》可以知道我国名松的相关知识。书中写道:安徽九华山上的"凤凰松"相传为南北朝时的高僧怀渡所植,距今已有1400多年。它高达 20 米,干周长 4.5 米,因其形状酷似一只巨

教育心得:

　　英国伟大文学家莎士比亚说:"书籍是人类知识的总结,是全世界的营养品。"阅读,让我们领略自然地理风光;阅读,让我们懂得自然变化规律;阅读,让我们了解人类文明历史;阅读,带领我们观赏天文奇观;阅读,激发我们探索大自然奥秘的兴趣与愿望。

大的凤凰而得名。广西贵县南山寺的"不老松",虽然传说已有3000多年树龄,但因它的树体并不巨大,故而得名"不老"。人们常把此松作为健康长寿的象征,所以有"寿比南山不老松"之说。山东泰山中天门东侧有棵"望人松",它背靠陡峭悬崖,根抓裸岩露石,傲然挺立,松干高达8米,周长2.5米,传为"泰松"。它的主干略向东南倾斜,仿佛在向游人翘首探望。一个粗壮的大枝长长地向斜下方伸延,犹如人伸出手臂在欢迎客人到来,故名"望人松",成为泰山的标志……

对这段文字的阅读不仅获得了有关名松的知识,还可以在极短的时间内遍览全国各地的松树身姿,了解松的历史沿革、世界各地的风景名胜。受广大读者普遍欢迎的美国《国家地理》杂志不仅出版刊物,而且出版了相应的音像版制品。读者在获得知识的同时,也获得了美的享受。

2.阅读,让我们懂得自然变化规律

鹰击长空,虎栖莽林;螳螂捕蝉,黄雀在后;大鱼吃小鱼,小鱼吃虾米;鼠盗谷物,猫蛇则捕其为生。自然界的生物总是这样相互依赖,彼此制约,如此这般的休戚相关,永无止境。它们之间似乎有一条无形的链条,巧妙地连成了一个完整的生命之网,维系着自然界的生态平衡。

加拿大一家专门加工北极狐毛皮的生产公司在查阅历年毛皮收购的账本时,发现了一个非常有趣的现象:公司每年收购的皮张数量出现有规律的变化——增加或者减少,而且每隔4年就出现一次高峰。为什么会出现这种有规律的变化?专家经过几次实地考察后发现,北极狐数量增减之谜,关键在它的食物——旅鼠数量有变化。

旅鼠是一种仓鼠类鼠种,尾巴极短,体长只有10~15厘米,分布于挪威、芬兰及瑞典的北部,故又叫"挪威旅鼠"。旅鼠虽然貌不惊人,但它们的繁殖能力极强,生育周期又短,刚出生的幼鼠只要6个星期就可成熟生育,一年中要生育七八次,这样6周一代,繁衍不断,四五年后其家族成员就可达到相当惊人的数字!食物不足了,它们便组成数以百万计的"旅游大军",长途跋涉,漫无边际地去寻找食物,穿过原野,越过高山,勇往直前,甚至误把大海当成小小的河沟。旅鼠这种"死亡大进军"式的"旅行",每四五年必然发生一次,历史上记载为"旅鼠年"。悲剧上演当年或次年,旅鼠大量减少,以它为食的北极狐,也因食物缺乏而大批死亡,或减少生育,数量随之锐减。从账上狐皮数字的变化,到实际鼠、狐数量的消涨,人们找到了周期变化的原因——食物链在起作用。

通过阅读短短的几段文字,不仅了解了国外风光,还了解到神奇的动物世界里奇特的遭遇,在生动形象的描述之中获得了"食物链"的相关知识。

3.阅读,让我们了解人类文明历史

"二十四节气"的创造反映了我国古代气候学研究的历程:远在农业经济时代初期,由于播种和收获等农事活动的需要,人们开始探索农业生产的季节规律,出现了春种、夏长、秋收、冬藏的概念;在黄帝时代人们就开始制历明时;夏代有了对节气的初步划分;商代已用二十八宿星空定节气;春秋战国以后,随着铁制农具的出现,农业生产对季节性的要求更高,逐渐形成节气概念。春秋时用土圭测日影来定节气,最初只有夏至、冬至,随后逐渐增加了春分、秋分及立春、立夏、立秋、立冬。《淮南子》一书的出现,才有了和现代完全一样的二十四节气,这是中国历史上关于二十四节气的最早记录。后来传入日本、朝鲜等邻国。它是一部简明、灵活而又紧密结合农业生产需要的农业气候历,是我国劳动人民在长期的生产实践中总结出来的最早的中国气候专著,是我国乃至世界上最早的气候学研究成果。

4.阅读,带领我们观赏天文奇观

在历史上,人们一度认为地球是宇宙的中心,后来发现,地球不过是围绕太阳运转的行星之一,看来太阳才是宇宙的中心;但是后来又发现太阳

不过是银河系中的一颗普通恒星，看来银河系的中心才是宇宙的中心。随着河外星系的确认，人们认识到银河系不过是一个普通的漩涡星系，在它之外，还有千千万万个银河系。当孩子们看到现在播放的许多科幻影视片时，如果他们不了解"星系"、"光年"、"时空"等概念，就会不知所云，很难从中得到乐趣。而通过阅读知道了这些知识之后，他们就会看得津津有味，并激发进一步探索奥秘的兴趣，进而得到更加广泛的知识。

5.阅读，激发我们探索大自然奥秘的兴趣与愿望

在美国的弗吉尼亚海岸，百慕大群岛和佛罗里达群岛之间，有一片总面积30多万平方公里的广阔海域，这就是闻名于世的百慕大三角。从16世纪以来，在这片海域神秘失踪了数以百计的飞机与船只，人们都称它为"魔鬼三角"或"死亡三角"。专门从事海洋和航空事业的人，更是谈虎色变，把这一带海域视为畏途。

几十年来，科学家们为了弄清这个奇怪的现象，提出了许许多多的假说，如：磁场说、海底大洞说、超时空说等。

对于遥远的史前世界，人们猜测：地球形成初期，地表上并不存在绿色植物，低级的厌氧生物才是地球最早的主人，它们存活在含有有机酸和无机物的温泉、湖底和类似的环境之中，靠硫化氢中的氢和有机物的酵解提供维持生命所需的能量。到了距今约25亿年前的某个时期，原始海洋中突然出现了一种名为蓝绿藻的低等生物，它的大量繁殖和所具备的光合作用能力，开始给地球外的大气输送氧气。但被大气中的还原性气体和海底存在的大量金属无情地消耗着，使得大气中氧的浓度只能长期地维持在1%左右。直到距今约17亿年，源源不断的氧气终于战胜了来源日益枯竭的各种还原性物质的抵抗，大气中氧的浓度突升至17%~21%的水平，后来便长期地稳定在目前的水平上。孩子阅读了这些内容后，不仅获得了有关"魔鬼三角"、"史前世界"的知识，还感受到了自然现象的神秘与神奇，同时，也会

不由自主地想要驰骋自己的想象来回答大自然向人类提出
的问题,从而丰富自己对大自然的认识。世界上的知识是无穷
无尽的,特别是在现代社会里,由于科学技术的发展,人类知
识的总量越来越大,人们要掌握这些知识不可能事事动手去
做,所以通过读书获得知识就是一条很重要的途径了。孩子通
过这条捷径,在获取知识上能起到立竿见影的效果。得到知
识,任何人都会感到一种成功的满足感。习惯成自然之后,坚
持长期阅读也就是水到渠成的事了。

细节 40

书籍,孕育着创造的智慧

书籍像土壤,孕育着作者创造的智慧,阅读像耕耘,播种
出读者的创造灵感。从读书中受到启发,并有所创新的事例不
胜枚举。

18 世纪意大利解剖学教授伽尔伐尼在做解剖青蛙的实
验时,发现挂在窗前铁栅栏后铜钩上死蛙的大腿收缩了一下,
他敏锐地意识到:这是生物电现象。物理学家伏特读到伽尔伐
尼的研究论文后,受到启发,在物理学领域进行新的探索,并
于 1799 年研制出电池。

19 世纪初,病人手术后,伤口化脓十分严重,英国外科医
生里斯特日夜思索化脓的原因,久久不得其解。一天,他读到

教育心得:

在透彻掌握各种读
物形式和内容的基础
上,转换新的角度,产生
新的思路,提出新的观
点,提供新的材料,运用
新的方法,从而创造出
新的成果。这就是阅读
的功效。

法国细菌学家巴斯特的著作,从中了解到"细菌是腐败的真正原因",一下子激发了他的创造灵感,终于发明了石炭酸杀菌消毒法。

《基督山伯爵》的创作也是来自作家阅读中产生的灵感。一天,大仲马翻阅巴黎警察局的一个复仇档案,马上意识到这份素材就像一颗贝壳里未成形的珍珠,经精雕细琢,它一定会成为一颗璀璨的明珠。后来他按照自己的社会观点和美学理想,对案卷材料进行艺术提炼和加工,果然写成了世界名著《基督山伯爵》。

大发明家爱迪生为了研制电灯,前后用了13年时间,查阅资料的笔记就有200多册,他把凡是能想到的材料几乎都试过了,其中试用1600余种耐热材料,6000多种植物纤维,甚至连头发丝都试过了。正在他一筹莫展时,一天,他在《科学美国人》杂志上看到一位叫万斯的英国人在实验室用碳丝研制灯泡的文章,爱迪生茅塞顿开,终于制造出了具有实用价值的碳丝灯泡。

分子生物学的元勋沃森和克里克也是在阅读后获得了灵感。美国大学生沃森偶然读到薛定锷著名的小册子《生命是什么》以后,内心就勃发了去"发现基因的秘密"的激情。而英国人克里克30多岁时,为丰富自己而广泛阅读新科学材料,一次偶然的机会,他读到了《生命是什么》这本书,其中提到,研究生物现象可能会导致新物理学定律的发现。于是他受到极大鼓舞,决心到陌生的领域闯荡一番。更巧的是,两人在卡文迪许实验室相遇了,都是受了薛定锷的影响,都向往探索遗传信息的秘密,又都认为DNA的分子结构与功能可能是揭示这个秘密的关键。于是,共同的理想,共同的思路把这两个国籍不同、背景有别、年龄悬殊、性格各异、专业径庭的人联系在了一起,向20世纪生物学高峰发起了进攻。两人共同努力,创建了DNA双螺旋结构,从而宣布了20世纪一门新学科——分子生物学的诞生。正是阅读这位"红娘"把二人引介到一起,正是阅读这个"温床"把他俩暖热在一块,

才共同孕育了分子生物学。

灵感并非只属于某一部分作家、艺术家和科学家所有,更不是天才的专利品,它是人们头脑中普遍存在的一种思维现象。一般地说,思考者所拥有的经验和知识的丰富程度,同他获得灵感的可能性是相对应的。任何人,包括未成年的孩子们,也有可能通过阅读,开动脑筋,进行创新。

辞书,在多数人看来是枯燥而又乏味的,然而,上海南洋模范中学的学生杜冰蟾却读此不疲。她从小就勤奋好学,酷爱读书,在阅读的过程中,她萌发了以笔顺划分部首的想法,于是,在学好各门功课的前提下,她阅读了各类辞书,从《新华字典》到《辞海》《辞源》,到清代的《康熙字典》,到明代的《字汇》,再到东汉的《说文解字》。这些枯燥乏味的辞书,她却读得津津有味,并且是读了便想,想了又读,还要动手写。历时3年多,她发明了"汉字全息码"。这种编码采用组字能力最强的小学一年级学生都能读的100个部首字,编成"全息Ⅰ码"和"全息Ⅱ码"两表,可以满足不同用户的需要,在小键盘的通用机上操作;这种编码可以广泛用于中文电脑打字、编辑排版、电报、电传、中外文机器助译、古汉语与现代汉语助译、速记、速抄、缩写以及图书编目、辞书索引等方面,大大促进了汉字电脑化。她说:"我愿一辈子研究中国文字和中国文化,弘扬祖国优秀文明。"试想,如果没有对辞书坚持不懈地阅读,哪里会有"汉字全息码"呢?又哪里会有如此年轻的发明家呢?

无独有偶,年仅8岁的李珍也是一个小小的发明家,已荣获3项国家专利:她最早发明了"全保护荷花餐巾台布";后来与姐姐李琳共同发明的"七色宝石灯"是一种带有隐形开关的新型工艺台灯,集调光、变色、节电、安全于一体;另外一件与姐姐合作的发明——带有小型算盘和支书架的新型文具盒再获专利,并被指定为第五届全国青少年科技发明竞赛的奖品。以常理论,8岁的孩子正是调皮玩耍、撒娇闹人的时候,小李珍怎么能有这样的成绩呢?这和她的课外阅读是分不开的。平日里,她一方面认真学习课内知识,一方面刻苦

钻研课外读物,她有《少年科学画报》、《少年百科知识》、《十万个为什么》、《智力故事》等500多本读物。她尽情地吸吮着知识的营养,沐浴着科技的甘露,理想的翅膀向更深邃的境域拓展,向更广阔的领地飞腾。正是阅读,给了她拓展的勇气,给了她腾飞的力量。

阅读创造,是指在透彻掌握各种读物形式和内容的基础上,转换新的角度,产生新的思路,提出新的观点,提供新的材料,运用新的方法,从而拿出创造性的成果。古今中外,无论是科技精英,还是创世领袖,无论是文艺大师,还是思想巨匠,大凡做出非凡业绩的杰出人物,无不是博览群书、学富五车的饱学之士。

在透彻掌握各种读物形式和内容的基础上,转换新的角度,产生新的思路,提出新的观点,提供新的材料,运用新的方法,从而创造出新的成果。这就是阅读的功效。读书吧,孩子们,有朝一日你们也会成为科学精英、文艺大师、思想巨匠,成为一个杰出的人。

细节 ④

读书破万卷，下笔才有神

一个只知道学习的孩子，他的知识面必然狭窄，写起作文来也非常吃力，但可能死记硬背的功课很好。我的身边有很多这样的孩子，他们的数学学得很棒，语文学得也挺好，但写起作文来简直摸不着头绪，胡乱几句便了事，有时干脆写一个故事应付，让人啼笑皆非！

曾经就有孩子的父母让笔者辅导他们的孩子写作文，如果不是那次辅导，笔者不会知道当今的孩子写起作文来竟是如此吃力。可他们的游戏玩得非常棒！他们的父母告诉笔者："孩子三年级的时候在班上都是一二名，到了四五年级的时候，成绩就下降了很多，现在可能是倒数第几名了吧，马上要升初中了，还不会写作文，一碰到作文就头痛，你辅导辅导他吧。"笔者试着跟孩子聊天，孩子告诉笔者："不喜欢看书，就喜欢玩电脑游戏，所以不会写作文，常常被老师批评，也就不喜欢语文这门课了，慢慢就不爱学习了，数学也就下降了呗。"这多么可怕！

作文真有那么难吗？有位作家在给孩子讲作文时讲了一段非常形象的话，他说："作文是一件充满创造性和想象力的事情，它充满着人性之美和生活趣味。人说话美不美？美。正因为

教育心得：

作文其实并不难写，只要让孩子拿起笔来觉得有东西可写，这是锻炼写作的第一个步骤。要让孩子觉得言之有物，阅读是一条很好的途径。

这样，我们才感觉到聋哑人的残缺。说话逗人笑了或哭了，有没有趣味？有。而说话其实就是作文。只不过作文多了一件事，就是必须用笔写下来。作文与说话稍微有一点不一样，就是'作文'比较完整，要将话说得系统一些、充分一些，就像给自行车胎打气一样，要求气打足一些，打足了气，自行车就会跑起来。

"有趣味的语言肯定有一定的想象力在里面。比如弯弯的月亮，有人想象是小船，有人想象是镰刀，有人想象是指甲(他说宇宙整个是一个未熟的瓜，有人试试这瓜熟没熟，就用指甲掐了一下)，你们说这形象不形象？生动不生动？如果把圆圆的月亮想象成小船、镰刀就是不准确；但老是将弯月说成是小船、镰刀就落俗了。因此，作文要有充分的想象力，真实准确的想象力是写好作文的基础。

"其实，作文就是一团气、一团云，它没有形状，是不规则的，是自然形成的。"

由此可见，作文其实并不难写，只要让孩子拿起笔来觉得有东西可写，这是锻炼写作的第一个步骤。要让孩子觉得言之有物，阅读是一条很好的途径。苗苗的妈妈就说："孩子阅历甚少，生活体验也不多，凭空让孩子写一篇文章只能是无源之水。通过读书之后，孩子懂得了很多知识，也增长了不少间接经验，这些知识、经验再结合孩子的生活，写作文时自然就有东西可写了。"苗苗的妈妈认为，培养孩子写作基础的方法有以下几个：

让孩子多看多记。"读书破万卷，下笔如有神。"这是一句古训。我们也都知道书读多了，写起文章来自然就容易多了，也就不再那么空洞了。这个阶段的孩子主要是看和记，为写作文累积材料。一篇好的文章能引发人思考，一思考也就有了写的欲望。鼓励孩子把自己的感受记到笔记本里，哪怕只是一句"这本书真好看"也没关系，写得不成文更不重要，就当是记流水账。只有孩子多看、多记，写起作文来才会得心应手，熟能生巧，如果只看、只说而不写，到写作文的时候恐怕也写不出来。

让孩子把好的文章、词句摘录下来，以备后用。"书中自有颜如玉，书中自有黄金屋"，文章里总有那么一些好句子，能触及人的心灵。喜欢阅读的人大都有做笔记的习惯，我们要从小培养孩子做摘要，在孩子读到好句子或是引人深思的哲理时，让孩子记到笔记本里，告诉孩子这些都是以后写作文的素材。

剪报。为了让孩子写作文时文思泉涌，还有一个提高作文能力的方法——剪报，让孩子把报纸上看到的好文章剪下来贴在白纸上订成本，这也是写作文时最好的资料。

在阅读的同时，父母也不要忘了让孩子边读边写，写文章不妨从记日记开始。那么，又该如何培养孩子记日记呢？

把孩子平时说的精辟或者很美的语言当场表扬一番："哇，你这句（段）话说得真好！"嘱咐孩子记录下来，并且，欣赏孩子的作品。孩子自己不喜欢写日记，主要是从中看不到乐趣，看不到成果，但是如果父母先帮他们记一些"妙语+趣事"，孩子肯定是喜欢看的。而随着孩子能力的提高，他们可能也愿意自己写一点了。对家长来说，日记是锻炼文笔的手段，但是对孩子来说，日记是记录自己的情感和成长，请不要混淆。

苗苗的妈妈就经常把孩子的"作品"跟家人"炫耀"。表现出以孩子的作品为荣，就像当初第一次听到孩子叫她妈妈，她马上告诉家里其他人一样……反正，让孩子知道，他在这方面的"作为"，让家长很高兴，大家都很欣赏，这样他会想，这算什么，我还能做得更好呢，等你们看到了，不知道又高兴成什么样了。

另外，家长可以和孩子一起写。家长可以用日记这个形式跟孩子沟通。苗苗的妈妈每天都叫苗苗把每天发生了什么事情叙述一下，然后写一下自己的感受。而对孩子的文章进行评价时，要以表扬为主，让孩子真切地看到写作成果。我们记日记是为了留下美好的回忆，不是变相批评打击孩子的。你还可以很"隐私"地悄悄写下对孩子的一些期望，不要直接给孩子看，最好给孩子看日记的时候，挡住那部分"期望"（比如，你可以说"我很期待孩子可以自己开

始记录他的人生",或者"我很想知道孩子是怎么想的"),如果孩子非常渴望看,就给他看,如果你的日记能引起他写自己的日记的兴趣的话,你就成功了。

养成了这些习惯和爱好,孩子就不会再绞尽脑汁写不出作文来了,考试时也不需要再花一个小时来想作文了,好的习惯养成了,还能帮孩子在考试中拿高分,好作文还能被老师贴在教室的宣传栏里,这不仅鼓励了孩子继续写作,还增强了孩子继续阅读的信心。将阅读与课业有机地结合,对孩子学习的帮助还是很大的。

作文水平提高了,文字表达能力也会相应提高,这对孩子的学习以及以后参加工作也有很大的帮助。

此外,苗苗的妈妈在日常中还会经常鼓励孩子写一些日常应用文。她是这样介绍她的经验的:

所谓日常,也就是在生活中要经常写的。这也是这个阶段孩子必须要学会写的,同时也是提高作文能力的一方面。

比如,可以先给孩子写留言,如果有一天你下午要回来晚一点,那么你可以在上班前,写一张留言条贴在冰箱上,尽量写正楷字,写得规范一点。写多了这样的留言,孩子自然也会学着给你留言,你也要多多鼓励孩子经常写留言,不能有事就打电话。告诉孩子留言要有称呼、落款和日期。

孩子会写留言条了,不妨再买一些精美的卡片回来,或者带着孩子亲手制作卡片,让孩子在卡片上写上祝福的话语,送给爷爷、奶奶和伙伴。这样,孩子会享受到一种成就感。

孩子写留言得到了你的肯定,写贺卡又得到了爷爷、奶奶的夸赞,相信孩子会更喜欢写,要写的欲望也就更强了。这时不妨鼓励孩子写一些短信,给生活在另一个城市的表弟、表妹写,给最想念的小朋友写。告诉孩子信也就是你最想说的话,把你最想说的话都尽情地往上写吧,如果孩子不想让

你看,你应该尊重孩子,努力回避,切不可伤了孩子的自尊心。

通过这些日常小事的锻炼,孩子会觉得自己渐渐地能写一些东西了,那种成就感和自信心会驱使他自己去找书来补充需要的知识,反过来又提高了写作能力。这样在一个良性的循环中,孩子通过写作实践,看到了阅读带来的成果,阅读的好习惯自然而然就形成了。

第七章
帮助孩子冲破阅读阻碍，
让孩子的阅读之路一路畅通

　　无论做什么事，都不可能一帆风顺，孩子读书也不例外，他们读书尚少，经验还很有限，碰到阅读上的障碍是很自然的事情。困难并不可怕，关键是怎样找到解决困难的办法。要想培养孩子的读书兴趣，家长必须帮助孩子冲破阅读所遇到的阻碍，树立起孩子的读书信心。

细节 42

孩子内发的读书动机是
冲破一切读书障碍的根本动力

教育心得:

读书要有成就,必须靠个人自动、自发、锲而不舍地长期努力。任凭外界费多大力气,孩子没有阅读的欲望,只是勉强屈从于外力,是永远不会成功的。

读书行为与读书动机之间是这样的关系:读书动机原则上虽都是内动的,但是引发动机的原因则可能是内发的,也可能是外诱的。小孩子们读书,其动机即多出自内发。内发的动机是由于内在的需要,这种需要也就是平常所说的好奇心和求知欲。因为好奇与求知欲的驱使,只要能为他们提供他们所需的读书条件,孩子就会感受到读书带来的满足,而不需要外力加以管束。在小孩子身上,这类纯属内发的动机很多,诸如骑自行车、玩玩具、集体游戏等,他们的这种强烈的动机,浓厚的兴趣,都不是外在力量所能导致的。其实,大人也有类似的动机,比如看武侠小说可以使人着迷到废寝忘食的地步,其主要原因就是作者巧妙地运用了"欲知后事如何,且听下回分解"的笔法,一直维持着读者的好奇心与求知欲。

但是,不得不看到的是,随着孩子年龄的长大,年级的升高,他们内在的动机在慢慢减少,而读书的行为大都由外力,如老师的命令或家长的督促来完成,大多是在成人功利主义的指导下,以"利诱"或"威逼"的方式引起并维持读书的动机。

这就是现在教育上惯用的奖与惩的措施。

大家都知道,内发与外诱两种动机的差别,主要是前者纯属内力,不需外在目的物的吸引,而后者则有外在的诱因,诱因有正负之分,正面的诱因,如奖励和赞赏,能够起到促进阅读的作用,负面的诱因,如惩罚和责备则对孩子的阅读起到阻碍作用。所以,外诱动机之所以能起到鼓励阅读的原因,是因为它有目的的缘故。这样,大家应该明白了,一些孩子读书的动力并非完全是因为他有读书的欲望和动力,而可能只是为了两个目的,一个是为获得奖励,另外一个是为了逃避惩罚。这就是说,孩子看似在读书,但其读书的原因,未必是他真正喜欢读书,而只是为了得到奖励或者不挨批评。

外诱动机引起的行为是有目的的,这对于读书来说,有利也有弊,有利之处是可以设计安排外在的环境,诱导甚至约束孩子读书。其弊在于孩子在这种情形下读书,难免被动,而且他们的读书目的常随外界诱因的改变而改变。例如,为讨父母的奖励就用功一点,为担心某科老师批评就努力一点,怕考试失败受罚就多读一点,这样,读书的目的是受外因控制的,其本身缺乏统合性与连续性,一旦外因去掉,目的不复存在时,读书的动机也将随之消失。这就是目前很多大孩子读书动机不强的原因。现在的孩子们从一入学就受升学压力影响,认为读书的目的为考试,考试的目的为升学。一门课读完,考试过关,目的达到,就不需要再读了。初中读书为升高中,高中读书为升大学,升学目的达到,书也不必再读了。即使读一些并非与考试相关的书也会不自觉地带有这种功利的心理。在这种零乱的、被动的、短见的读书目的之下,不可能会有持久不衰的读书动机。所以,如何引起并维持读书动机,是突破读书心理障碍的关键之处。

在上述情形下,如果把外诱动机改变成内发动机,自然最为理想,但事实上很难做到。原因是孩子们被要求读的书,其本身的难度会对孩子产生

吓阻作用。在内容上决不会像动画片那样易于了解又引人入胜。孩子们必须付出相当的努力，才能克服困难，获得成功的满足。所谓"逆水行舟，不进则退"正是这个道理。读武侠小说是顺流而下，读教科书是逆水而行。行逆水须先克服逆向水流的阻力，而后再加上前进的动力，船只才能前行。因此，在读教科书的情形下，要想使孩子维持内发动机是件难事。但只有这样才能使孩子真正地喜欢读书。

但是，内发的读书动机不易直接获得，因此家长们不妨从外诱动机去考虑。我们说外诱的读书动机可由读书目的引起，改变读书目的也许有可能间接引起内发动机，那就是把一向以读书为手段、以考试与升学为目的的读书活动，提高到读书是为了求知和提高才能，求知是读书的第一层目的，提高才能是高层目的。通过读书提高才能，目的是能够为将来的社会竞争提供保证，而求知欲是人读书的内在动机，如果以之为读书目的，将此目的与动机连为一体，就不会被动、零乱和短见了。

有没有读书的内在动力，说得通俗一点就是孩子在根本上愿不愿意读书。读书要有成就，必须靠个人自动、自发、锲而不舍地长期努力。任凭外界费多大力气，孩子没有阅读的欲望，只是勉强屈从于外力，是永远不会成功的。自动自发是一种内在力量，内在动机是冲破一切读书障碍的根本动力。因此，如果要让孩子跨越读书障碍，必须从孩子的主观立场去考虑，从如何引起并维持孩子内在的读书动机去着手。

细节 43

帮助孩子克服阅读障碍，引导孩子形成良好的阅读习惯

小强今年上小学三年级，入学前一切正常，谁也没想到他上学后会出现如此严重的学习困难。他最明显的弱点就是阅读与记字困难，不仅拼音学不好，而且学过的字很快就忘记；阅读时读不成句子，增字减字，读后不知意思。读文章时，他给人的感觉是在读字；做数学应用题时，由于不认得的字太多，必须要家长给读题。经过测试，我们发现他的阅读能力和识字水平落后 1.5 年级，只相当于一年级的阅读能力。

心理学把类似于小强读书困难的这种现象称作儿童阅读障碍。阅读障碍的表现还不止小强的这些行为，下面就让我们先来看看阅读障碍通常有哪些表现：

①认字与记字困难重重，刚学过的字就忘记；

②听写成绩很差；

③朗读时增字与减字；

④朗读时不按字阅读，而是随意按照自己的想法阅读；

⑤错别字连篇，写字经常多一画或少一笔；

⑥阅读速度慢；

⑦逐字阅读或以手指协助；

教育心得：

与孩子们分享阅，分享读，与孩子们一起在阅读中成长，从阅读的早期开始，就有目的有意识地引导孩子形成良好的阅读习惯，保持阅读兴趣，是克服阅读障碍最有效的方式。

215

⑧说作文可以,但写作文过于简单,内容枯燥;

⑨经常搞混形近的字,如把"视"与"祝"弄混;

⑩经常搞混音近的字;

⑪学习拼音困难,经常把 Q 看成 O;

⑫经常颠倒字的偏旁部首。

造成这种障碍的原因很复杂,既有视知觉方面的问题,也有听知觉方面的问题,也有音和形之间转换的问题,还有对字义的理解的问题。阅读障碍的形成原因主要是语音记忆和语音意识有问题。有阅读障碍的孩子在利用语音或声音系统来加工书面或口头的信息能力方面落后于同年龄儿童;语音识别落后,即不能从 4 个不同音的词中,选出一个与目标词相同的发音。它直接导致儿童学习字词时产生记忆的困难,即记不住字。有阅读障碍的儿童由于掌握词汇特别少,阅读时对于许多熟悉的字需要浪费时间去分析,文字好像一个透不过去的屏障。但并不是说,这些有阅读障碍的儿童智力有问题,他们有很多是智力正常甚至超常的儿童。

造成阅读障碍的原因除了生理原因外,还有一些社会因素:有的孩子非常胆小,自卑情绪严重,不敢在课堂上朗读。还有的孩子特别在意别人的态度,生怕读错了引起同学笑话,朗读时没有轻松阅读的心境。还有的孩子在学前没有养成良好的阅读习惯,在开始学习语言的时候,家长和老师可能忽略了声调区分,汉字的多义、多音等特点,或者对字形、字音之间的对应没有采用科学的记忆方式等。特别是在幼儿期,家长和老师没有认识到儿童在学习汉字、理解汉语时可能面临的困难,造成孩子出现了阅读障碍。

那么,作为家长能做些什么呢?

首先,我们要在家庭中为孩子们营造一种轻松愉快而且宽松的阅读氛围,让孩子自由地,轻松地阅读,激发他们阅读的兴趣。

其次,因为有些儿童在把一个个孤立的字联结成完整的有意义的词或

句子的时候容易出现错误,那我们在与孩子一起阅读的时候,就要有意识地为孩子提供意义完整的语言环境。在读故事的时候,让孩子和我们一起看到完整的一句话,从左至右地连贯划指,按照正常的语速,流畅地朗读给孩子听,帮助他们建立完整的意义、字形之间的正确联系。

汉字的四声,是儿童很难过的一关,我们在和他们一起阅读的时候,可以通过开放式的问题和讨论,把不同声调和不同意义的字放到符合意义的小故事中去,帮助孩子逐步建立声调与字义、字形之间的对应关系。

针对上例中小强利用视觉记忆识字困难的特点,我们为他设计了"多重感觉通道记忆法",即让他利用触觉来识字。如让他用手指头蘸上涂料在黑板上练字,或者训练他摸字,或者在沙子上写字,注意触觉感受。我们发现,小强在触摸字以后的记忆较为巩固,可保持较长时间。

不仅如此,我们还可以在阅读的过程中,与孩子一起游戏,一起表演,在游戏过程中锻炼孩子朗读、理解、表达的能力,增加他们的自信心。边读,边演,孩子能更快地掌握四声和各种韵律特点。同时家长与孩子分享绘画、改编、自编故事的过程,也是激发锻炼儿童书写兴趣和正确书写习惯的过程。

与孩子们分享阅、分享读,与孩子们一起在阅读中成长,从阅读的早期开始,就有目的有意识地引导孩子形成良好的阅读习惯,保持阅读兴趣,是克服阅读障碍最有效的方式。

细节 44

帮助孩子排除读书的各种干扰，夺回属于孩子读书的时间

教育心得：

当电视、电子游戏、网络走进孩子们的生活，当课业占有了孩子们的大量时间后，读书似乎便成了孩子们的负担，让孩子们感到枯燥乏味了。因此，家长有义务帮助孩子排除这些不良因素的干扰，夺回属于孩子读书的时间。

现在的生活可谓是丰富多彩，吸引人的东西层出不穷。然而，孩子的时间是有限的，分配给读书的时间也是有限的。当电视、电子游戏、网络走进孩子们的生活，当课业占有了孩子们的大量时间后，读书似乎便成了孩子们的负担，让孩子们感到枯燥乏味了。该怎样引导孩子不沉溺于电视节目，不让课业变成负担，让孩子远离电子游戏，让孩子安安心心把精力用到读书上呢?这就要排除这些不良因素的干扰，夺回属于读书的时间。

1.排除电视干扰

电视几乎已走进了所有的家庭，电视节目越来越多，内容越来越丰富，它不仅吸引着孩子，连大人也沉迷其中。美国知名教育家班哲明·布鲁姆称电视为"时间之贼"，它不声不响地偷走了人们许多珍贵的时间。它有那么多好看的节目，使人在它面前一坐就是几个小时，严重者一坐就是一整天，很多频道都有周末大放送，好看的连续剧一集接着一集，让人吃饭都变得快速起来，更严重的是它控制了一个人的动作、思维和想象，它让人变得头脑简单、思想单一。如果让孩子在电视机前一坐就是几个小时，姑且不说他浪费了多少时间,他还可能患近视眼、影响发育,他的脑袋也会变得只能接受变化快速的影像,缺乏思考和创造力。

那么,您该如何帮助孩子,将他从电视前拉回来呢?

(1)您必须以身作则,不要动不动就打开电视,而且一看就是几小时;

(2)不要在您忙的时候用电视来打发孩子;

(3)严格限定孩子看的节目范围;

(4)别在孩子的房间里摆电视。

2.排除课业干扰

在学校里,坐在同一个教室里,听着同一个老师的课,能力强的孩子接受得快些,可能会觉得上课时间太漫长,觉得无趣、不耐烦,等待着下课,因此享受不到学习的乐趣。有的孩子因不耐烦,偷偷地看自己的书,被老师发现后批评,原有的阅读乐趣也因此消失了。还有的孩子接受能力弱一些,进步得比较慢,又被老师和父母认为不用功、不专心,最终导致孩子因赶不上其他的同学而气馁。许多父母只注重孩子的分数、名次,而不在意孩子的兴趣爱好,甚至不关心他在看什么书,只一味地要求孩子做习题或者看与考试有关的书,这样导致孩子在成绩的压力下失去信心,对课业没有兴趣,课外阅读就更不用说了。

谁都希望自己的孩子在学校过得充实又愉快,万一他有上述的困扰,您该怎么办?建议您这样做:

(1)不要以为把孩子送进了学校,就将辅导他阅读的责任丢给老师了;

(2)了解学校的课业内容,再就孩子本身的程度予以辅导;

(3)多与老师沟通,了解孩子在学校的情况,也便于老师了解您孩子在家的情况;

(4)鼓励孩子重视学校的课业。

3.让阅读不再乏味

如果您强迫孩子去看书，孩子自然把看书当做一项任务而例行公事，这怎么可能会对阅读产生兴趣呢?要知道孩子从3岁起就有独立行动的要求，孩子如果不是自愿看书，那阅读必定变得很乏味。再者就是孩子对书的内容不感兴趣，或者书中的内容不适合孩子阅读。

回顾一下孩子的成长，在培养他形成阅读习惯时，您是否有下列行为:

曾机械地规定他看书的时间，没有变更的余地;在孩子不愿看或者心情不好时，强迫他和您一起看书;当他正在专心于某件事时，您却让他进行阅读;经常对孩子的阅读活动进行指责。

孩子所看的书是否存在下列情况:

都是以您为主挑选的;成人味较浓，孩子理解不了;虽是图文并茂，却缺少趣味;虽有趣味，却不是图文并茂。

在丰富孩子的阅读内容上，日本的母亲们可谓是煞费苦心。她们采取亲自为自己的孩子制作图书的方法。因为母亲最了解自己的孩子，孩子有多大能力，该阅读什么水平的图书，喜欢哪种类型的书，妈妈们都了如指掌。

全日本目前共有40余个手工制作儿童图书的团体。参加这些团体的多为二三十岁的年轻母亲，她们通常每个月都要举行两次聚会，以相互交流和展示自己的作品。

她们认为，由于比外人更了解自己的孩子，所以她们亲自动手为孩子制作的图书往往更适合孩子的需要，同时也能更深切地体现出她们的母爱，而且，在自制图书的过程中，她们能充分发挥自己的想象力、创造力和艺术天分，享受寓教于乐的乐趣。

这些由妈妈亲手制作的图书，包括照片、剪报和自己绘制的一些简单的图画等，题材十分广泛，主要是富有趣味性的童话传说、知识小品、家庭故事等。

日本官方对这些母亲的行动也十分支持，一些地方政府还出资举办自

制图书的专题讲座,进行自制图书评选。

4.排除电子游戏干扰

电子游戏以感观的刺激和惊险的快感吸引着孩子们。它利用人们"不服输"的心理,设置了"创纪录"、"过关斩将"等游戏内容,一旦上瘾,就无法自拔,光阴就这样在惊险的游戏中消耗掉了。要想摆脱出来,除非有很强的毅力和控制力,所以很多孩子宁愿冒着被老师和父母骂的风险也要偷偷地去玩。因此,许多该做的事也没做,阅读也就丢一边了。

电脑网络游戏更是厉害,它让人置身其中,无可救药。现在,电脑也走进了很多的家庭,家长想让孩子从小学电脑,而这个阶段的孩子还不具备明确的学习目标,到最后孩子却学会了上网聊天、上网打游戏,大量的宝贵时间就这样在上网中溜走了。

碰到这些问题,身为父母的您该怎么办呢?

了解孩子在校的情况,多给孩子一些课后娱乐,让孩子没有机会迷上电子游戏;多为孩子选些有趣的书,陪孩子一起看,培养孩子钟情阅读的习惯;约法三章,规定他只能在某个时间上机,若不守规定,则罚他一段时间不能上机。

细节 45

帮助孩子克服阅读前或
阅读中的焦虑和厌倦情绪

教育心得:

　要想让孩子扎扎实实地掌握知识,最关键的还是调动孩子内心积极的情绪情感,靠好奇心、观察力、想象力等内部诱因,来启动和激励自己进行真正有效地阅读。

　　您是否见过孩子一提到读书就一副忧心忡忡的神色?您是否见过孩子拿着一本书在读但却心不在焉、恹恹欲睡?这是读书中两种不好的心态——焦虑和厌倦。

　　人的情绪情感是人们接受知识渠道的"阀门"。要想让孩子扎扎实实地掌握知识,最关键的还是调动孩子内心积极的情绪情感,靠好奇心、观察力、想象力等内部诱因,来启动和激励自己进行真正有效地阅读。换句话说,孩子阅读时的情绪情感十分重要。

　　我们阅读时常常会产生两种不同的心情,一种是以愉快的心情去阅读,另一种是对阅读产生某些焦虑、厌倦的情绪。抱着前者的心态去阅读,当然阅读效率高,常会收到事半功倍的效果。反之,对阅读产生一种焦虑和厌倦的情绪,阅读的效果就会大打折扣。所以,在阅读前和阅读中如何克服焦虑和厌倦情绪,自然变得十分重要。

　　一般讲,阅读中产生焦虑和厌倦情绪,有各种不同的原因。请您首先观察一下,孩子产生阅读焦虑、厌倦情绪的原因是什么。找到了原因,就容易想办法去化解。

有时，阅读产生焦虑和厌倦情绪，跟我们教育孩子读书时"急于求成"的心理有关。有的家长带着"一口吃成个胖子"的想法，试图经过很短时间的阅读，就让孩子一下子掌握很多知识，特别是临考前对课本和参考资料的阅读，常常会构成阅读的负面影响。焦虑和厌倦的产生，会使阅读的注意力分散、阅读的兴趣减弱而产生脑疲劳，导致思想开小差。孩子就会感受到这样的体验，情绪不好时，尽管读书读了很多页，可脑子里还是一片空白。

要设法使孩子进入一种适度心理反应的阅读状态。根据心理学家广泛的调查、实验和研究，低度焦虑、中度焦虑和高度焦虑的三种学习者，以中度焦虑学习者的效果为最好。阅读当然基本上也是如此。因此，我们要明确教育孩子读书的目的，找到一套明确的阅读战略，让孩子自觉地应用阅读的技巧，激发每次阅读的动机，让孩子有一种取得成绩的迫切感但不至于形成不能完成的担忧。在通常情况下，这些都是主体的积极因素，并构成正常的学习焦虑，这种焦虑是一种内驱力。

这仅是对付阅读中的焦虑和心理障碍的战略思想，我们还需要有对付这些障碍的具体战术。那么如何调节孩子读书的情绪呢?以下几种方法可以供您选用:

1.推陈出新,改变一成不变的现状

人在安定的生活中，往往觉得沉闷、没有生机、提不起精神，如果适时地对定型的习惯做些小的变动，就会有一种新鲜感。比如读书前对孩子的房间进行一些小的调整。有一位日本学者就曾经提出，变换一下书房的面貌，经常移动书桌的位置，改变书桌的朝向，有时哪怕只是小小的一点儿改变，就足以消除焦虑、厌倦的情绪，使人再度产生新的学习意愿和兴趣。

2.让孩子在读书前做好卫生

经常衣冠不整、蓬头垢面，房间凌乱不堪，会影响阅读情绪的。据说台湾作家琼瑶在动笔写作前，尽管是在自己的书房里，她还是要给自己化好

妆,把东西收拾得井井有条,以保持一种良好的精神状态来进行写作。

3.巧用颜色

为了保持一种良好的情绪,可以积极地去寻找、铺设那些温暖、柔和而又富有活力的颜色,如绿色、粉红色、浅蓝色等。把这些颜色布置在孩子的周围,是能给孩子带来良好心态的。

4.走进大自然

大自然的奇山秀水常能震撼人的心灵。登上高山,会顿觉心胸开阔;放眼大海,会有超凡脱俗之感;走进森林,就会觉得一切都那么清新,这种美好的感觉往往都是良好情绪的诱导剂。如果你的家庭处于闹市,不妨带孩子到郊外去散散步,把心态调整好,再去读书。

5.欣赏音乐

在孩子有焦虑和厌烦的情绪时,为他或让他自己放一段抒情优美的音乐,他会觉得精神振奋,情绪饱满,信心倍增。

6.多接触阳光

经研究表明,人在阴雨天往往会出现情绪低落的现象,这是因为缺乏阳光而引起的。所以,应该多晒晒太阳,或者打开窗户,让阳光照进房间里来。

细节46

去除孩子对读书的恐惧心理，
让孩子不怕书、不逃避书

读书的首要条件是：积极而言是爱书且接近书，消极而言是不怕书且不逃避书。否则，任何读书理论都是空谈。可是，我们不能否认，很多人不爱读书，有的孩子旷课逃学，甚至形成所谓的"惧书症"，都是由对读书的恐惧症逐渐恶化造成的后果。只要对读书的恐惧心理存在，个人与书之间就永远不能有亲密的关系，当然更谈不上喜爱读书了。所以，如何去除对读书的恐惧，无疑是突破读书心理障碍必须解决的问题。

为什么会产生对读书的恐惧现象？从心理学的观点而言，这现象是学来的。本来，人不会对书籍有恐惧反应，因为书籍不会伤害人，自然没有可惧之处。孩子可能因读书无功屡受惩罚与羞辱而使他感到痛苦之后，结果痛苦反应与书籍刺激之间发生了联结作用。这种本属不可怕的中性刺激，却因与另一种厌恶刺激（惩罚）伴随出现，最终也引起了恐惧反应的现象，这种现象在心理学上被称作制约学习。

基本上，人是喜欢读书的。幼儿两三岁就喜欢翻书，因为书能满足人的好奇心，好奇是人类与生俱来的动机之一。由于好奇而探索求知，所以小孩子不但见书就翻，而且从幼儿园一

教育心得：

教育上惯用成者奖励、败者惩罚的方式，企图使孩子趋奖避罚而努力读书。这理想是很难实现的，因为多数孩子在心理上有以下的矛盾和冲突：为了获得奖励而读书，得不到；为求避免惩罚而读书，避不开。结果在不得不读、不能不读、不敢不读的情况下，自然对读书感到恐惧了。

直到小学中年级,对认字、朗读、绘画、唱歌、手工等有关读书的活动,均乐之不疲,原因就是他们可以从读书活动中获得好奇心的满足。

从小学高年级到中学阶段,读书的心理历程改变了,为什么会改变?主要有以下两个原因:

1.由自由选择方式的读书,变为在限制之下读书

学校和家庭只准孩子读某些书,而不让他们读自己喜欢的书,而不喜欢的书却又不得不读。从自由主义变为功利主义的结果,读书变为工作,成了负担。在这种情况下,读书缺乏动机,自然更没有乐趣而言了。

2.在读书活动中,受到逼迫与失败的威胁

读书本来是个人自己的事,乘兴而读,兴尽而止。无奈教育上总是采取竞争比赛的方式。有竞争,就有成败,而成功者少,失败者多。成功要靠加倍努力,"加倍努力"是艰苦的事。而且失败之后又常常受到惩罚,惩罚自然使人痛苦。因此,教育上惯用成者奖励、败者惩罚的方式,企图使孩子趋奖避罚而努力读书。这理想是很难实现的,因为多数孩子在心理上有以下的矛盾和冲突:为了获得奖励而读书,得不到;为求避免惩罚而读书,避不开。结果在不得不读、不能不读、不敢不读的情况下,自然对读书感到恐惧了。

如何去除对读书恐惧的心理障碍?这个问题从理论上容易解答,可是实行起来相当困难。前面曾提到,对读书的恐惧症是外界作用的结果,换句话说就是,痛苦感受虽非直接由读书活动所引起(由外加的惩罚引起),但孩子们所体验到的,却是后者因前者而生,在这个制约学习历程中,读书活动固然是必要的,但可以安排情境,以奖励代替惩罚,使愉快代替痛苦,久而久之,就可以改变个人与书本之间的联结关系。通过这种方法,慢慢就会使孩子在心理上淡化痛苦感受与读书活动的直接联系,渐渐把读书活动与快乐的感受联结起来,从而树立起对读书的自信心。实际应用时,您不妨对孩子采取下列步骤:

（1）只要接近书就受到奖励(因接近书而带来愉快)；

（2）只要读就受到奖励(因读书而带来愉快)；

（3）只要成绩较前稍有进步就受到奖励(稍有进步带来愉快)。

这样做的目的是使孩子只重视正面行为(接近书而读书)，而忽视反面行为(逃避书不读书)。这样连续下去，循序渐进，与读书活动所联结的是奖励带来的愉快，而非惩罚带来的痛苦。久而久之，孩子就不再望书生畏，对读书恐惧了。

问题是，此种理论在目前升学压力如此之大的情境下，有没有实用价值?因为升学有客观的甚至可以说是残忍的"录取标准"，达不到标准，任何进步都得不到奖励。因此，学校、家庭及孩子自己，都对读书成绩抱有过分的期待，甚至抱有不切实际的期待。现在如求其改变态度，只奖励不惩罚，是否能做到呢?即使教师和家长可以做到，孩子是否会真正产生预期的感受呢?实在说，所谓奖或惩不能单从表面的施予者去看，而是应从接受者的感受去着想。

从现实的观点看，对读书的恐惧心理的去除，舍此之外，并无其他更好的方法。如果期望此法行之有效，建议从以下3点着手：

（1）确切认识并接受自己目前的情况

分析为什么怕读书?在什么时候感到恐惧?读什么书的时候感到恐惧?了解自己的成绩到底达到什么程度，最感困难的地方在哪里?

（2）降低成绩期待的标准，把个人的抱负层次列在实际可能达到的地步

例如初读原文书时发现平均每页有20个生字，你想两个月之内减低为5个生字，那是不可能的。但如决心在读完100页之后减低到10个生字之内，就比较实际可行了。

（3）改进读书习惯和读书方法

引导孩子形成持之以恒的读书习惯，并欣赏自己点滴积累的进步。如

50个细节教出
爱读书的孩子

此，行之日久，在主观上读书失败的痛苦减少，成就愉快的感受增加，对读书的恐惧心理也将随之消除。

细节47

掌握培养孩子阅读想象力的技能，冲破提高阅读能力的阻碍

教育心得：

缺乏阅读想象力，对孩子进一步提高阅读能力是一个很大的阻碍，因为孩子不可能总是阅读那些浅显易懂的读物，随着阅读量的越来越大和阅读难度的提高，书中的内容涉及面也会越来越广，光靠直接的字面意思已经不能对书籍所提供的内容作全面的理解。

想象力是阅读过程中的重要能力。如果孩子在阅读当中缺乏想象力，那他从书里获得的感受必然就少。想象力能把抽象的文字变得形象化，把历史带到眼前，远处的引到身边。提高阅读想象力，既可以增加孩子对读书的兴趣，又能够增强孩子的阅读能力。

爱因斯坦说："想象力比知识更重要，因为知识是有限的，而想象力概括着世界上的一切，推动着进步，并且是知识进化的源泉。严格地说，想象力是科学研究中的重要因素。"想象力是储备和积极的理性思维活动，为创造性想象创造条件。

发明创造的一种能力，也是阅读的一种重要能力。阅读主要是靠语言文字、图形等第二信号系统的间接材料，虽然可以辅之以实地参观访问、实物模型、标本等实际材料，终究是有限的。特别是对看不见、摸不着的东西，没有想象力就很难把握。

想象力是很奇妙的。你没有到过桂林，只要读了有关游桂林的诗，就能根据诗中的描绘想象出桂林山水的美妙。鲁迅的

228

小说《故乡》中,描绘杨二嫂的样子活像一个两脚圆规,读者就能在自己的头脑中想象出杨二嫂的形象来。为了使您能够更好地理解,下面我们把阅读想象做一个简略地介绍。阅读想象可分为再造想象和创造性想象两种。

1.再造想象

再造想象就是根据文献中语言文字的描述或图形的示意,在人脑中形成某种事物形象的过程。我们在阅读中运用再造想象就是要在头脑中再现与书中内容相适应的、自己没有直接感知过的事物形象。例如,没有到过边塞沙漠的人,读了唐代诗人王维写的《使至塞上》一诗,尤其是"大漠孤烟直,长河落日圆"的名句,就可以从"大漠"、"长河"、"孤烟"、"落日"的文字中想象到沙漠浩瀚无边,景物单调,唯有那股浓烟显得格外醒目,黄河横贯于沙漠之间,落日给人以温暖和茫茫的感觉,从而领略到塞外的奇特壮观。而读朱自清的散文《荷塘月色》,我们可以领会到月色下的荷塘和荷塘下的月色的朦胧美,还可以想象到月夜的宁静,荷塘的幽香;蛙的喧闹,蝉的鸣叫;作者在荷塘月色下徘徊踱步,忧思重重……产生"象外之象"、"景外之景",使人心驰神往,如临其境。又如阅读历史书籍,也必须根据书中的描述,通过再造想象,在头脑中呈现历史人物形象、地域和活动情景来理解和掌握历史知识。由此可见,在阅读中如果我们不展开再造想象,那么阅读只能停留在机械识记的水平上,一切科学书籍都会变得深奥难懂。

值得指出的是,阅读中的再造想象往往受到读者主观因素的制约,每个人的生活经历和情感体验不同,所具有的知识、经验、记忆表象也不相同,各自在阅读中进行再造想象,建立的事物形象也会不一样。

2.创造性想象

创造性想象是创造性地在头脑中形成新形象的高级能力。创造性想象的本质特征是首创性、独立性、新颖性。例如,鲁迅读《资治通鉴》,产生了中国历史是人吃人的历史的创造性认识,激发了创作的欲望而浮想联翩,在

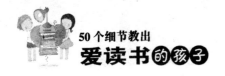
《狂人日记》中创造出了"狂人"的新形象。这也说明,创造性想象是与创造性阅读休戚与共的。没有创造想象,在阅读中就没有创造。

创造性想象与再造想象是相互联系而又有区别的。主要表现在再造想象是人们根据语言文字的描述或图形的示意所进行的想象,构造的形象是已有的。创造性想象是人们按照自己的创见所进行的想象,构造出来的形象是新颖的。而且创造性想象的形成和发展比再造想象要复杂得多,困难得多。这就给阅读者提出了更高的要求:一是,要把阅读活动作为创造性的活动,而不是消极被动地接受知识;二是,阅读者需要更充分的表象储备和积极的理性思维活动,为创造性想象创造条件。

缺乏阅读想象力,对孩子进一步提高阅读能力是一个很大的阻碍,因为孩子不可能总是阅读那些浅显易懂的读物,随着阅读量的越来越大和阅读难度的提高,书中的内容涉及面也会越来越广,光靠直接的字面意思已经不能对书籍所提供的内容作全面的理解。所以,缺乏阅读想象,不仅影响孩子从书中汲取知识的数量,而且还会影响将来孩子对知识的应用。但阅读想象力不是像学说话、学认字那样的简单。那么,对于这种在孩子读书中相当重要但却不容易掌握的技能该怎么培养呢?我们认为主要通过以下几点来培养:

1.积累丰富的感性知识和记忆表象储备

丰富的感性知识和记忆表象储备是培养和发展形象思维能力的基础。心理学家泰勒指出:"具有丰富知识和经验的人,比只有一种知识和经验的人,更容易产生新的联想和独到的见解。"形象思维的过程,是对知识和记忆表象进行整理、加工和改造的过程。读者有无切身经验,决定了阅读效果的大小好坏。一个人的知识越广博,记忆表象越丰富,想象也就越丰富,联想的范围和内容也就越广泛,发现的问题和解决的问题就越多。如果缺乏感性知识和记忆表象,不仅不容易正确理解书本,而且可能从片面的知识

中得出错误的结论。

积累丰富的知识经验和记忆表象的有效方法,一是广泛地阅读,拓宽知识面,知识渊博易于产生想象,因为想象常常在于发现两个或两个以上研究对象或现象之间的联系或接触点,知识面越广,可能提供想象的接触点就越多,产生重要设想的可能性也就越大。例如1979年诺贝尔物理学奖的获得者格拉索,就是一个注意拓宽知识面的人,在大学里,他选学的课程就有:音乐、东亚历史、电焊等,他认为,这些知识对他的物理研究有帮助。他说:往往有许多物理问题的解答,并不在物理范围之内,涉猎各方面的学问,可以开阔思路,如多看看小说等。二是积极参加实践活动,注意观察。例如,参加各种学习活动、科技活动、文体活动、社交活动。在阅读中结合文献内容,注意观察实物、标本、模型、图片以及有价值的电视片和电影片,都是观察和储备表象的好方法,感性知识经验和记忆表象多了,才有可能根据自己的感性知识和记忆表象来理解和掌握书本知识。

2.通过文艺鉴赏培养形象思维能力

文艺鉴赏是对文学和艺术形象的感受、体验和认识,从而达到在思想、感情、性格方面受到教育和感染、陶冶的目的。由于文学、艺术作品把作家的思想蕴含于充满审美评价的生动形象之中,又在个别有限的画面里概括生活的某种本质,因此,文学和艺术作品的鉴赏有着与阅读科学论著等义献显著不同的独特规律,这就是运用形象思维。读者只有展开形象思维,才能深刻地体验到文学和艺术作品中所描绘的一切,才能从作品中得到真正的审美感受与教育。读者在这个过程中,也就同时发展了自己的形象思维能力。正如苏联心理学家捷普洛夫说的:"阅读文艺作品——这是我想象的最好学校。"达尔文在他的自传中说:"要是我还能重新再生活一次,那我就作出规定:要读一些诗,要听一些音乐……那么我大脑中现在已经萎缩的部分,由于经常使用,也许会保持机能的活跃。艺术欣赏力的丧失,就是幸

福的丧失,也有可能智力因而受到损害了,更可能是性格受到损害了,我们的感情因而变得淡薄了。"达尔文的切身体会是非常深刻的。的确如此,教育孩子热爱文学艺术,多读文学作品,多观赏艺术作品,不仅可以使孩子心旷神怡,调节大脑机能,平衡思维活动,还可以提高形象思维的能力。

3.加强阅读想象力的训练

对于孩子,有意识地去培养和训练他的想象力,充分发挥想象在阅读中的作用,是十分重要的。想象作为一种心理活动,是因人而异的,没有一个统一的模式可以遵循,我们从想象在阅读中的表现,可以找到一些共同的规律作为借鉴,为我们激发和培养想象力提供正确的途径和方法。

一是把书中描述的事物具体化,在脑中构成形象,以激发想象力。在各类书中,都有激发想象的地方,可以根据不同文体的特点,反复加以揣摩。例如,对于文学著作,可以进行再造想象,并进行复述、对话或表演。对于历史、地理著作的阅读,可以按照想象所构成的形象作出机械图、设计图、实验图、植物生长图等,学数学也可按照题意作图,按照定理编题,一题寻求多解等方法,培养想象力。

二是把自己对象化,就像演员深入角色一样,把自己看作是研究对象,或想象成书中事物的参与者,来激发丰富的想象力。

三是通过各种联想,展开想象。

四是提倡大胆猜测。即对未知事物的探索不是按部就班地进行计算、推导和试验等,而是依据一定的原理,以丰富的想象力进行"猜测",得出解决的结果,然后用扎实的努力循着这个方向求得探索中的突破。但要注意,在进行想象力训练时不进行没有现实基础的胡思乱想。

细节 48

一心不能二用,帮助孩子
克服读书注意力不集中的坏习惯

大家都知道,眼睛不同于照相机,它并非将视野内所有东西尽数收存,而是对其中某些东西视而不见;耳朵不同于录音机,它并非将所有声音全本照录,而是对其中某些声音听而不闻。您曾有过眼睛盯着书页而对其内容一无所知的经验吗?您曾经有过坐在那里而对别人的讲话充耳不闻的经验吗?

在读书时,像此种视而不见、听而不闻的现象,如能运用得当,对读书效果并非全然有害,因为,人的知觉活动是有选择性的,读书也只是一连串的知觉选择活动。读书时如能做到该选的选入,不该选的排除,对读书效果自然有益无害。但孩子们往往不能做到这点。据调查,在孩子的不良读书习惯中,注意力不能集中是缺乏读书效率的最主要原因。因此,读书时如何保持孩子的注意力,自然是必须突破的障碍之一。

在解决如何集中注意力之前,宜先了解以下两个问题:

第一,引人注意的条件是什么?

第二,注意力不能集中的原因是什么?

在很多刺激构成的环境中,某种(些)刺激之所以特别引起注意,主要由于两个条件:一是刺激本身的特征,二是个人

教育心得:

读书时如不能排除书本之外的其他刺激,读书的效果是不可能提高的。而且,书本之外的刺激也不限于个人周围的事物,个人内在的刺激干扰,更能影响对书本的注意。

的动机与心理趋向作用。就第一个条件看,谁都知道,在感官所及的环境中最为特殊的刺激,最易引起注意,特殊的刺激使人感觉好奇,引人注意。人在清醒时,周围存在着很多刺激,可是人的感官能力有限,他不能眼观四处,耳听八方。心理学家早有实验证明,人一心不能二用,在同一时间内不能兼做两件并行的事。曾有学者设计两耳分听的实验:戴上分别与两个录音机相连的两个耳机,同时传送两个故事。结果发现,一个人不能同时两耳分听,或是忽而左耳忽而右耳地转来转去,左右转换的主要原因,正是决定于刺激的特征(故事内容的高潮)。看电视也会有同样经验,不能同时对两台的节目注意。只能甲台看一眼,乙台看一眼,转台看的原因也是由于刺激的特征所引起的。

根据一心不能二用或同一时间内只能注意一件事的原理,我们就可了解,读书时如不能排除书本之外的其他刺激,读书的效果是不可能提高的。而且,书本之外的刺激也不限于个人周围的事物,个人内在的刺激干扰,更能影响对书本的注意。像饥、渴、病痛以及意念联想等,都是影响个人注意的内在刺激。

再就心向作用而言,在个人已有心理准备的状况下,易于对环境中的刺激特别注意。在赛跑时,运动员对起跑枪声特别敏感,就是明显的心向作用,曾有心理学家做过这样一个心向作用的读书效果实验。将能力相似的一群学生,以随机的方式分为 A、B 两组,在同样的时间内阅读同样一篇文章。实验开始时主试告诉 A 组学生说,在阅读之后将举行一次测验,而且要大家注意,两周之后再举行第二次测验。主试对 B 组说法稍异,开始阅读前只告诉他们读完将举行测验。等到第一次测验完毕之后,再告诉他们,过两周之后再做第二次测验。如此设计的目的是使 A 组学生为第二次测验多加一层心向作用。实验结果显示:读完第一次测验的成绩,两组不相上下,但两周后第二次测验的结果,A 组成绩远胜于 B 组。心理学家解释,这是由于

A组先有心理准备,阅读时加深了注意,因而影响到两周后的记忆。像这样的心向作用影响读书效果的实验,希望对那些读书但求应付近期考试的同学们,能由此领悟到一点启示。

读书时,为什么注意力不能集中呢?

其实,这个问题应该分成以下两个问题来问:

第一,读书时,为什么不能排除对其他刺激的注意而专心注意于面前的书本呢?

第二,即使个人能够勉强自己,做到心无旁顾专注于书本,但为什么仍然缺乏效果?

第一个原因:书本的刺激,不但是平淡无奇,甚至由于临书恐惧的经验,而使孩子望之生厌。所以,一个孩子如没有强烈的动机和浓厚的兴趣,的确是很难排除其他引人注意的刺激而集中于书本的,单就孩子放学回家之后在家做功课来说,家庭环境中几乎所有的刺激都比读书活动更具吸引力。诸如电视、唱片、报纸、杂志、食物、饮料,再加上别人的谈话、电话的铃声以及自己生活中未完的琐事等,随便选一样去做,都比读书有意思。就是因为这样,所以每晚自修时间一到,很难让自己坐到书桌面前,即使工作开始,书本摊在面前,总还是受其他刺激吸引,东蹭西磨,剪一下指甲,照一下镜子,喝一点饮料,吃一口东西,半小时过去了,还不能集中精力看书。一般来说,除了消遣性的书外,学校、家长要求孩子读的书都有一定的难度,而且往往都与考试和成绩有关,因而此类书本,在性质上本具排斥性,容易使人逃避。

第二个原因:一方面孩子表面排除了外在刺激的干扰,确实做到对书本以外的刺激视而不见、听而不闻,但他可能仍有内在刺激发生干预。此种内在刺激使人分心,但个人未必全然了解。另一方面,孩子只是面对书本强加注意,并未能对书本内容发生心智的交流作用,只是顺着文字逐字逐句

阅读,缺乏理解和思考的认知活动。像这样的读书方法,表面上看是集中注意了,实际上是在做自我催眠练习;不但读书无效果,反而越读越使心智活力减低,最后自然昏昏欲睡了。

注意力涣散是读书效果的大敌。集中注意既然是读书的必要条件,但怎样才能养成专心读书的习惯呢?对这个问题,可从以下几点着手:

只要有决心排除外界干扰,就不难做到。具体措施可以这样做:改变读书环境,使自己不与外扰刺激接触;读书时,除书本文具必需物之外,旁边不放其他分心的东西;如在家中读书,务必使孩子的房间保持简洁,桌面少摆陈设,使眼睛除书本之外注意不到其他东西。

单一时间内只做一件事,第一件事做完再做第二件,如此可免牵东挂西不能专心。如有好几件事等着去做,可以由简到难,最后再做点简单的。这样可以维持较高的热情,不致因时间因素影响工作效率。

多重感官并用。读书时除口诵有碍阅读速度不宜采用之外,眼、心、手三到是应该并重的,只用眼、心二到容易使人疲劳,加上手到更有助于心智思考。手到之法有二,一是要点画线,二是随时笔记,两者均须将作者意见重组,因而需要主动思考,避免只作被动接受。

另外的办法是读书之前先有目的,按预定目的在书中查寻所需资料,有疑问自然随时在书中求答案,自然容易保持注意。

细节 49

帮助孩子克服心理障碍,纠正不善质疑的坏习惯

在一个封闭、偏远的小镇只能听到两个电台:第一个电台专门广播名人消息或是流行歌曲排行榜,它的收听率相当高;第二个电台则是气象专业电台,它的听众只有一小群人。

一天晚上,气象电台发出紧急警告:一场威力惊人的龙卷风将在午夜袭击本镇,电台呼吁镇民立刻疏散他处。

这一小群听众立刻组织起来,有的去找镇长,有的敲锣打鼓,有的打电话给第一电台,请求播出龙卷风消息,好保护小镇居民的身家性命。

可是镇长说:"本镇从未有过龙卷风,龙卷风的消息是第二电台误报或者是捏造,为的是提高收听率。"敲锣打鼓的人则被视为疯子。而第一电台则以现场正在采访名人为由,不能插播这一"生死存亡"的消息。

小镇最终被夷为平地,后来者也没有人知道这里曾经是一个小镇。

这个小故事告诉我们:要以敏感的心对待这个世界,更要用心对待每一天,用心看看自己,不要把每一件事都看成理所当然。善于质疑,无论在生活中还是读书中,都是一种十分重

教育心得:

爱因斯坦曾指出:"解决问题,也许仅是技能而已,而提出新的问题,新的可能性,从新的角度去看旧的问题,却需要创造性的想象力,而且标志着科学的真正进步。"

要的品质。

孩子读书,一定会产生许多问题,有完全不懂的问题,有吃得不透的问题,还有教师或其他同学提出的而自己尚未察觉的问题,有的比较浅显,有的比较深刻。有问题才会产生求知的欲望。但是,长期以来,受应试教育的束缚,教学中常常忽视孩子的这种学习潜能,教师不能发挥他们参与学习的主动性,有意或无意地在压抑孩子好问的天性,致使孩子产生了各种心理障碍。

要帮助孩子克服心理障碍,纠正不善质疑的坏习惯,首先要使孩子认识到学会质疑的重要性。我们可以通过爱迪生"我能孵出小鸡来吗"、牛顿"苹果为什么往地上掉"等具体事例,教育孩子学习科学家善于思索探究的思维品质,使孩子懂得"疑而能问,已知知识大半"、"思维自疑问和惊奇开始"的道理。还要告诉孩子,课堂提问不是老师的专利或某些孩子的专利,每个人都可以提问,也只有在大家互相质疑的过程中,自己的思维才能得到发展。我们还可以将陶行知老前辈的小诗赠给孩子,以鼓励孩子主动质疑:"发明千千万,起点是一问。禽兽不如人,只在不会问。智者问得巧,愚者问得笨。人力胜天工,只在每事问。"

1.创造质疑环境,培养质疑精神

孔子说过:"不愤不启,不悱不发。"孩子"愤"、"悱"之际,正是家长引导质疑的最佳时机。在读书时,孩子会遇到许多问题,这些问题有涉及内容、中心思想方面的,也有字词句方面的。孩子理解能力不同,问题的难易程度也不同。这时大多数孩子的心理状态是,希望自己提出的问题能得到大家的重视,同时希望问题得到解决。因此,在这一环节中,家长主要应该激发孩子的质疑意识,鼓励他大胆质疑。同时,家长要帮助孩子对问题进行分类、梳理,从而发现学习的重点、难点,进而带着问题去读书,解决问题。

营造积极的氛围对孩子也很重要。家长要遵循民主教学的原则,尊重孩子的人格和个性,不要在自己孩子的同学中划分好、中、差;积极创造宽松、和谐、民主、平等的家庭学习气氛,消除他们的紧张感和顾虑,使他们勇于提出问题。家长还应遵循延迟判断原则,对孩子提出的各种意见、观点,不要当即做出判断,要不断鼓励他们产生新的想法,大胆地向同学质疑,向老师质疑,向教材质疑,在质疑中求疑,在求疑中发展思维。

2.鼓励孩子独立解决问题

质疑的目的是为了解决问题,质疑必须解疑。孩子在开始学习质疑时,提的问题比较简单、浅显。在保护孩子积极性的同时,要帮助孩子进行分类,看看哪些问题能够通过认真思考、查阅资料或请教别人就能解决。

这样的话,当孩子带着问题去自读课文时,他们会进行更深层次的思考,产生一些针对性强的具体问题。如在学习《灰雀》时,当孩子读到列宁与小男孩的对话部分,会提出:"小男孩为什么想告诉列宁灰雀没有死,但又不敢讲?""为什么小男孩坚定地说:'一定会飞回来的'。"这正是引导深入理解小男孩思想感情变化的最好时机。当读到列宁向灰雀打招呼时,孩子会产生"列宁明知道灰雀到哪儿去了"的疑问,这时,引导孩子探求此问题的答案,也就读懂了列宁喜爱孩子的思想感情。

在理解过程中质疑,能引导孩子对课文重点内容进行主动探究,克服那种教师问孩子答的陈旧教学模式。家长和教师不可包办代替,要把提问的主动权交给孩子,人人都可以提问,人人都可当老师,互问互答,形成良好的质疑解疑的氛围,使教学的重点难点在孩子主动参与中得到解决。

50个细节教出

爱读书的孩子

细节⑤⓪

革除有碍孩子读书的不良习惯

教育心得:

　　读书的一些坏习惯对孩子的读书效果有很大的负面影响，按心理学的原理，改变既有习惯，主要有4种方法:逆戒法、耗尽法、代替法、改变环境法。

　　我国有句俗话说:习惯成自然。自然两字对于人来说就是指天性。西方也有句俗话说:习惯是人的第二天性,可是它的力量比天性大 10 倍。

　　对读书而言,凡是有助于读书效果的,就叫做好习惯,凡是有碍于读书效果的, 就叫做不良习惯。坏习惯一旦养成之后,个人即使自己知道那不是良好的习惯,可是也不容易随意控制自己不做这种反应。例如,有些孩子读书时念出声音,他虽自知不是好习惯,自己也知道出声念书会影响阅读速度,可是很难自制。像这种习惯可能是小时候大人要他朗读养成的,长大后只能将声音压低,但不能完全革除,甚至有些人对不必阅读背诵的功课,也是嘴里念念有词,影响读书的效果。

　　曾有一个实验,调查了 178 位学生,要他们以不记名方式,自由列举有碍读书效果的不良习惯。由调查统计的数字看,大多数学生,把自己的读书不良习惯归属于以下几种:姿势不良、胡思乱想、边吃边读、音乐电视、外因分心等。事实上,这些习惯可归并为 3 大类:

　　第一类坏习惯:读书时姿势不良。

　　第二类坏习惯:边吃东西边读书。

240

50个细节教出
爱读书的孩子

第三类坏习惯:注意力不能集中。

在孩子读书习惯的调查分析中,姿势不良虽高居不良习惯的首位,但此习惯受环境支配的可能性较大,革除比较容易,只要使读书场所没有躺卧的可能,躺卧的习惯就不难革除。

那为什么许多孩子一读书就想吃东西呢?根据孩子们的说法,可归纳为两种解释:第一种解释是,吃点东西可以减轻读书的苦感。多年来,读书都是为了升学考试。升学考试有严重的失败威胁,故而读书的气氛多半是既苦且惧的,"嘴里有点东西"就会感觉轻松一点,因而使焦虑的痛苦减低。久而久之,自己似乎体会到,吃点东西就是支持自己、安慰自己。第二种解释是,这个习惯是由家庭中父母给养成的。父母看到孩子在读书很欣慰,或者父母担心子女读书不努力,就准备好的东西给孩子吃,以此鼓励孩子,结果成了习惯,读书与吃东西联在一起。

既然读书的一些坏习惯对孩子的读书效果有很大的负面影响,那么,怎样革除不良习惯呢?

按心理学的原理,改变既有习惯,主要有以下4种方法。

1.惩戒法

惩戒法是教育上最常用的方法,是一种强迫性的制止法,只要习惯性的反应出现,即施以惩罚,惩罚可由别人实施,也可由自己执行,如军训时站姿不好的人被教官罚站军姿,后者如古人所说的头悬梁锥刺股,都是惩戒法的例子。惩戒法并非革除不良习惯的好方法。因为惩戒时常伴随产生痛苦情绪,即使对旧习惯暂时发生制止作用,也可能因痛苦的情绪反应与惩罚时使用的刺激之间产生联结学习,形成新的不良习惯。

2.耗尽法

这是训练动物常用的方法,是一种颇不仁慈的方法。例如驯服野马即用此法。野马多有野性,有人骑上去即跳跃奔腾不受指使。如善骑者跃上马

背,任其跳跃,绝不放弃,甚至鞭策有加,使它不得休息。最后野性发完,体力耗尽,终会俯首帖耳任人指挥。但外制的办法,对改变习惯不易产生持久效果,且行之不当难免产生不良副作用,破坏感情,甚至形成不正常的情绪反应。

3.代替法

这是以良好习惯代替不良习惯的方法,也是最适当的一种方法。此法系根据前述同一时间一心不能二用的原理,企图在引发旧习惯的刺激情境下,先设法引起另一种新反应(好习惯),使旧的习惯反应受到压抑没有机会出现。多次练习之后,旧习惯因没有机会练习而逐渐淡化,新习惯慢慢因练习增多而加强,最后终使新习惯取代了旧习惯。这办法正像看电视一样。每次只能选看一台节目,要想消除固定于甲台的旧习惯,只有改选乙台节目来代替。

欲使代替法行之有效,须符合两个原则:一是在原刺激情况下不容有旧习惯出现的机会;二是使新习惯与原刺激之间的联结得到强化作用。例如,个人有读书听音乐的习惯:一心既不能作二用,音乐的旋律一定对书本的注意产生干扰。采用代替法时,就可先不让任何音响设备在读书现场出现,使自己在不可能听到音乐的情况下只好专注心思于书本。这时候自己不妨许下一点心愿,要求自己读书效果达到某种程度,就允许自己欣赏一点音乐。如此将爱好的东西作为奖励自己改变习惯的报酬,对新习惯的建立也就无形中予以强化了。

4.改变环境法

这是最简易也是最常用的一种方法。此法对姿势不良、边读边吃、兼顾杂务等读书不良习惯的革除有效。躺卧的方式读书,是因为有可躺可卧的地方,边吃边读的习惯,是因为有东西可吃,兼顾杂务是因为杂务就在身边。因此,改变环境,把原因消除,习惯性的反应自然不会出现。凡是自觉定力不够的孩子,最好不要在寝室、卧房、沙发上等地方读书。读书的最好环境还是图书馆。在图书馆里读书,除了可以避免上述不良习惯之外,还可以得到两种心理上的副产品:一是因大家读书的气氛,使你觉得不能不读书。因为在你周围的人都在读书,不读书显得己不如人,别人上进,而自己却在浪费时间。二是由于书形成的气氛,使你觉得不能不读书,因为处身在成千上万本书籍中间,你会感到自己的学问渺小,读过的书太少,好书当前不去读它,显然辜负那些好书。

不过,改变读书习惯,是一种知易行难的事。无论采用何种方法,要使其行之有效,还须注意遵守以下 3 个原则:

1.每次只选一个习惯做重点改变

改变一个习惯成功之后,再改第二个。如此,实施起来较易成功,而且也可因成功增加自己的信心。

2.先从最容易改变者入手

对牢不可破的老习惯,改变起来常是虎头蛇尾,难竟全功。与其劳而无功的半途而废,不如暂时留置,先从易改者入手。等到有了经验和信心,再来对付它不迟。

3.了解欲速则不达的道理

革除不良习惯时,宜采微效渐进策略。习惯不是一天养成的,自然也不可能一夜之间就把它革除净尽。只要觉得方法行之有效,就继续进行。读书应如滴水穿石,切忌一曝十寒的作风。